孔子께 懇切히 묻다

공자 간절

최규홍 엮음

"하늘에 죄를 지으면 빌 곳이 없다." 『논어』 「팔일」편에 나오는 말이다. 천륜(天倫)을 저버리면 세상 어디에서도 용서받을 수 없다는 경구(警句)이기도 하다. 근년 들어 이런저런 이유로 자식이 부모를 학대하고 심지어 먼 곳에 모시고 가서 유기(遺棄)하는 등 인륜을 망각한 행위가 여럿 발생하였다. 게다가 부모나 친척들이 눈에 넣어도 아프지 않을 금지옥엽(金枝玉葉) 같은 어린 자식에게 폭력을 휘둘러 상처를 입히고 내다버리는 따위의 몹쓸 일들이 버젓이 일어났다. 사람에게는 누구나 타고난 본성으로 차마 남에게 모질게 하지 못하는 마음인 '불인인지심(不忍人之心)'이 있다는데 이런 목불인견(目不忍見)을 접할 때마다 느끼는 인간사회의 각박함을 그냥 보아 넘길 수 없어서 천륜과 인륜대사에 관하여 글을 쓰게 되었다.

먼저, 효(孝)는 인간의 대륜(大倫)이라고 한다. 그것은 정신적 일체감의 세계와 몸은 서로 떨어져 있지만 자식의 마음은 언제나 부모와

3

하나이기 때문이다. 이 세상에 이처럼 절실한 인간관계가 또 어디 있겠는가. 효라는 것은 가장 자연스러운 것으로 아무 조건 없이 행하여지는 것이며, 인간이라면 누구나 가지고 있는 순수한 인간성의 발현이고 생명의 보편적 현상이다. 천지의 본성이 사람을 귀하게 하고, 사람의 행실 중에 효보다 큰 것이 없다. 그러니까 효를 '백행(百行)의 근본(根本)'이라고 한다. 이의 실천을 위하여 부모가 돌아가시면 제사를 지낸다. 제사지내는 행위는 곧 인간 효행의 귀착점이다.

제사는 동서고금의 어느 사회에서나 형태만 다를 뿐 지속적으로 행하여지고 있다. 제사는 한마디로 신령에게 음식을 차려 놓고 정성을 나타내는 의식이다. 다시는 만나볼 수 없는 고인에 대한 그리움이요, 존경의 표현인 것이다. 그러기에 경전에서 나타나는 제사의 근원적인 목적은 '보본반시(報本反始)'에 있다. '근본에 보답하고 처음으로 돌아간다'는 뜻으로, 조상의 은혜에 보답함을 이르는 말이다. 씨줄과 날줄로 교차시키면서 직조(織造)해 낸 부모의 자식 사랑, 시대의 폭풍우를 헤쳐 온 고난의 세월은 그 어떤 블록버스터 영화보다도 더 극적인 생애가 아닐 수 없다.

공자(孔子)는 "내가 제사에 참여하지 않으면 제사 지내지 않은 것과 같다."고 하였다. 이처럼 제사는 가족의 참여가 가장 큰 덕목이다. 온 가족과 친지들이 모여 부모와 조상에 대한 그리움과 사랑의 손길을 추억하며 화합을 다지는 자리가 바로 제사인 것이다. 그런데 오늘날 물질만능주의의 그물에 걸린 사람들이 제사를 소홀이 여기고 정성을 다하지 않는 풍토가 만연하고 있어서 못내 안타까움으로 이 글을 만들었다.

본문에서 옛 경전이나 사계 권위자들의 말을 여럿 인용하였는데, 개중에는 직접 책을 읽거나 이야기를 들었어도 그때 당시 미처 메모하여 두지 않고 기억으로만 어렴풋이 더듬어 낸 부분도 더러 있을 것이다. 그건 필자의 온축(蘊蓄)되지 않은 지식 습득의 산물이어서 이 책을 읽는 분들에게 넓은 이해와 많은 질정(質正)을 바라마지 않는다. 만약 여러분께서 質正과 苦言을 해주신다면 使命으로 알고 겸허히 받들어 제사 상차림에 관한 획기적인 개선안과 논어 강습을 倍增하여 增補版으로 報答할 것을 감히 약속드린다. 그리고 딱딱한 이 글의 원고 입력작업을 도맡아 수고해준 子婦 廉晶斌에게 고마움을 전한다.

2023년 5월
道谷洞 持敬齋에서
崔圭弘 씀

I

孝는 百行의 根本
효   백행   근본

인성함양
人性涵養과

도덕재무장
道德再武裝

論語 講習 150講
논 어 강 습 강

II

논
어

論語에서 答을 찾다

답

I

人性涵養과 道德再武裝

인 성 함 양   도 덕 재 무 장

孝는 百行의 根本

효 는   백 행   근 본

효(孝)는 백행(百行)의 근본(根本)

한국인의 효(孝)사상

동방의 문화는 서방의 문화에 비하여 인간관계를 중시하는 윤리 사상이 극히 발달되어 있는데, 그중에서 가장 중시되는 것이 효(孝) 이다. 인간관계를 중시하는 문화는 자기를 존중하는 데서부터 출발 한다. 자기를 존중하는 사상은 자기의 근원을 중시하는 사상으로 이어져 孝사상으로 발전되고, 그것이 다시 충(忠)사상으로 확산된 것이다.

孝와 忠은 다른 것이 아니다. 부자간에 사랑하고 존경하는 인간 정신의 원천을 체험하게 되면, 나라에 환란이 있을 때는 이를 피하 지 않고 기꺼이 내 부모와 내 형제가 살고 있는 이 땅을 위해 생명 을 바쳐 지킬 수 있는 忠이 저절로 나오게 되는 것이다. 역사적으로 보면 나라가 태평할 때에는 가정에서의 孝를 더욱 중시하다가 내우 외환으로 사회가 위기에 처했을 때는 국가에 대한 忠의 비중이 높 아졌던 경우가 있다. 孝와 忠은 하나로 연결되는 것이다.

동양 사회는 사회적 질서의 유지와 발전이 인위적, 타율적인 규 범의 강요에 의해서가 아니라 인간의 내적 본질이자 보편적 덕성이 라 할 효제충신(孝悌忠信)을 연마하고 교화시킴으로써 가능하다고 생각했다. 특히 우리나라에서는 전통적으로 충효(忠孝)교육을 중요 한 기본 교과로 삼아왔다.

한국의 忠孝에 대한 옛 기록은『삼국사기』와『삼국유사』에서 자세 히 찾아볼 수 있다.『삼국사기』에서는 신라 화랑도의 정신적 기반인

'풍류(風流)'의 핵심을 "들어가서는 가정에서 효도하고 나가서는 국가에 충성하는 것[入則孝於家 出則忠於國]"으로 설명했고, 『삼국유사』에서는 진흥왕 때 "무리를 모아 선비를 선발하되 효제충신(孝悌忠信)으로 가르쳤으니 이는 나라 다스림의 대요(大要)였다"고 한 것에서 보면 화랑의 이념을 충효(忠孝)에 두고 있음을 알 수 있다.

그리고 고구려의 태학, 신라 통일 후의 국학, 고려의 국자감, 조선의 성균관과 같은 대학교육에서 경학, 사학, 문학, 율학, 산학, 의학 등 제반 과학을 학습하였지만 『논어』와 『효경』을 필수과목으로 이수하도록 하여 이것을 읽고 나서야 관례(冠禮), 즉 성인식을 할 수 있게 했다.

이처럼 『논어』, 『효경』을 통해 가정윤리, 국가윤리를 습득하도록 한 것을 보면 다른 학문에 앞서서 인성교육을 기본으로 하였던 것을 알 수 있다. 그중에서도 특히 효(孝)가 인성교육의 핵심이었다. 孝는 모든 덕행의 근본이 되기 때문이다.

우리는 부모님을 눈물겹게 '어버이'라 부른다. 어버이의 은덕을 기리고 공경하기 위하여 "어버이날'도 만들었다. 삼백예순다섯 날이 늘 어버이날이어야 하는데 우리는 어쩌다 인색하게도 달랑 하루만 어버이를 생각하게 되었다. 그래도 우리의 어버이는 서운하게 여기지도 않고, 섭섭한 표정도 짓지 않고, 오로지 자식 걱정만 하면서 살아왔고 또 살아갈 것이다.

해마다 맞이하는 '어버이날'이건만, 해마다 어버이는 왜 초라하게 보이는지 모르겠다. 카네이션이 품귀현상을 빚고 효도관광도 예약이 꽉 차지만 이런 일이 하루의 반짝 효심(孝心)으로 끝나는 것같아 오히려 민망하여진다.

어버이날은 사실 우리나라보다는 서양에서 먼저 시작되었다.

1907년경 미국 필라델피아주(州) 웨스트라는 작은 마을에 살던 안나 자비스라는 여인이 병으로 죽은 본인의 어머니를 추모하기 위해 교인들에게 흰 카네이션을 나누어 준 일에서 유래되었다.

그 후 1914년 윌슨 대통령이 5월 둘째 일요일을 '어머니의 날'로 공식 선포한 후 1972년에는 닉슨 대통령이 6월 세 번째 일요일을 '아버지의 날'로 정하였다.

우리나라에서는 1956년에 어머니날을 만들었으며, 1973년 3월 30일 '각종 기념일 등에 관한 규정'을 공포하여 이듬해부터 조상과 노인, 부모를 공경하자는 뜻에서 '어버이날'을 만들어 시행하게 되었다. 그러다가 정부는 1981년에 노인복지법을 제정하면서 5월8일부터 일주일간을 경로주간으로 정하여 각종 행사를 벌이고 있다. 이와 같은 부모에 대한 사랑의 날은 각국에도 전하여져 생존한 어버이에겐 빨간 카네이션을, 돌아가신 부모를 추모하는 자녀들은 흰 카네이션을 각각 달았다. 그런 카네이션이 생기를 잃어버린 것처럼 느껴지는 것은 왜일까? 어머니는 일생 동안 자식들에게 사랑을 베풀 뿐 희생만 하고 떠난다. 1년에 단 하루만이라도 어머니를 생각하는 날이 있었으면 한다.

이스라엘에서의 '아버지날'은 우리나라의 어버이날과는 매우 다르다고 한다. 이스라엘의 아버지날은 아버지 가슴에 꽃이나 달아주고 함께 외식이나 하는 의례적인 날이 아니라, 아버지가 진정으로 아버지 구실을 제대로 하였는지를 되돌아보는 날이라는 것이다.

아버지는 그날 이스라엘 민족의 수난시대에 있었던 예레미아의 예언서와 애가(哀歌)를 읽으면서 가족들에게 아버지로서, 가장으로써의 책임과 의무를 다하지 못한 점을 눈물로 자성(自省)한다고 한다.

우리는 어떤가? 카네이션 한 송이와 효도상품 한 꾸러미로 끝나는 체면치레의 어버이날이 아닌지 궁금하다. 1997년 10월 2일은 유엔의 권고에 따라 우리나라 정부에서 정한 '제1회 노인의 날'이었다. 1996년 말 당시 65세 이상 노인은 265만 명이었는데, 서산에 지는 노을을 바라보고 있는 그들에게 이제야 요식행위 같은 '노인의 날'을 정한다고 하여서 그들이 겪고 있는 정신적 외로움이나 육체적 고통이 얼마만큼 감소되었는지 알 수 없다.

오늘날 효도 관광이라는 이름으로 제주도에서 버림받는 노인들은 자식의 이름이나 사는 곳을 물으면 묵묵부답이라고 한다. 비록 자신은 자식에게 버림을 받았지만 그 일로 인하여 자식에게 비난의 손가락질이나 불이익이 돌아가지 않을까 걱정하여 입을 다문다는 것이다.

'도덕재무장운동(道德再武裝運動)'이라는 것이 있다. 일명 MRA(Moral Re-Armament) 운동이라고도 하는데, 정신적으로 피폐해진 도덕을 재무장하여 세계의 평화를 수립하려는 것이다. 1921년 복음주의 크리스트교 지도자 부크먼이 인간의 삶의 개혁을 통하여 세계를 변화시키고자 주장한 것에서 비롯되었으며, 우리나라에도 1964년에 한국 본부가 설립되었다.

이 '도덕재무장운동'의 불씨를 다시 살려 점점 퇴색되어 가고 있는 가정의 본질을 되찾아야 한다. 가족의 영원한 공동체가 허물어져 가고 있는 것을 막아야 한다.

孝는 덕행의 근본이고, 교화가 여기에서 나온다. 이에 비로소 하나의 孝를 말씀하셨으니, 이것이 바로 이른바 지극한 덕(德)과 중요한 도(道)이다. 인, 의, 예, 지를 모두 德이라 이르지만, 인(仁)이 본

심의 온전한 德이다. 仁은 사랑을 주로 하고, 사랑에는 어버이를 사랑하는 것보다 큰 것이 없으므로 효(孝)가 덕(德)의 지극함이 된다. 부자, 군신, 부부, 형제, 붕우의 사귐, 이 다섯 가지를 모두 도(道)라 이르지만, 친애(親愛)는 어려서 어버이 슬하에서 즐겁게 놀 때에 이미 생겨나서 가장 먼저 행해지므로 자식이 아버지에게 효도하는 것이 유독 도(道)의 중요함이 된다.

> 본(本)은 근(根)과 같으니, 인(仁)을 행하는 것은 반드시 효(孝)로부터 시작한다. 군자는 친족을 친애하고서 백성에게 仁을 베풀고, 백성에게 仁을 베풀고서 만물을 사랑하니, 일념이 끝없이 일어나는 것이 마치 나무에 뿌리가 있어 가지와 잎이 끊임없이 자라고 피어나는 것과 같다. 『효경대의』「경1장」

공자는 "내 뜻은 『춘추』에 있고 내 행실은 『효경』에 있다"고 하여, 효(孝)야말로 인(仁)에 이르는 근본이라고 하였으며, 맹자 역시 仁의 내용을 어버이를 섬기는 것이라고 하였다. 어버이를 사랑하고 효를 행하는 것이 자연스러운 인성의 발로이므로 효(孝)를 백행(百行)의 근원이라고 한 까닭이 여기에 있다.

『예기』에서는 "거처함에 단정하지 않으면 孝가 아니며, 임금을 섬김에 충성되지 않으면 孝가 아니며, 관리가 되어서 공손하지 않으면 孝가 아니며, 친구 사이에 신의가 없으면 孝가 아니며, 전쟁에 임하여 용감함이 없다면 孝가 아니다."라고 하여 孝가 근본이 되어 개인윤리와 사회윤리 전반으로 확대되고 있음을 알 수 있다.

기다려 주지 않는 효도

모든 행동의 근본이 되는 효라는 것은 부모가 살아계시지 않으면 할 수가 없다. 『공자가어』 「치사」 편에는 다음과 같은 일화가 있다. 공자가 제나라의 왕도인 임치(臨淄)에 이르기 전 제수(濟水)라는 강가에서 있었던 일이다. 공자가 곡하는 소리를 들었는데, 곡소리가 매우 슬프기는 하지만 누군가 죽어 상(喪)을 당한 슬픔은 아닌 것 같았다. 좀 더 가까이 다가가 보니 어떤 사람이 낫과 새끼줄을 들고 있었는데, 그는 구오자(丘吾子)라는 자였다.

공자가 "당신은 지금 상(喪)을 당하고 있는 것도 아닌데 어째서 슬프게 곡을 하고 있소?"라고 물으니 구오자는 "제게는 살아감에 있어 세 가지의 실책이 있었습니다. 이를 오늘에야 뒤늦게 깨달았으니 그것을 뉘우친들 무슨 소용이 있겠습니까. 때문에 이 사실이 너무 슬퍼서 곡을 하고 있는 것입니다."라고 대답하였다.

공자가 그 실책을 물으니 구오자는 다음과 같은 대답을 한다. "저는 젊어서 학문을 좋아하여 온 천하를 돌아다니다가 뒤에 돌아와 보니 저의 부모님이 돌아가셨으니, 이것이 첫 번째 실책입니다." 이 말을 한 다음 구오자는 다음과 같은 유명한 말을 남긴다. "나무는 고요하고자 하나 바람이 멈추지 않고, 자식은 부모님을 봉양하려 하나 부모님이 기다려 주지 않습니다[樹欲靜而風不止 子欲養而親不待]. 가버리면 다시 돌아오지 않는 것이 세월이며, 다시 뵈올 수 없는 것이 부모님입니다." 이 말을 마친 구오자는 슬픔을 이기지 못하고 마른 나무에 기대어 죽고 말았다.

이를 본 공자는 제자들에게 "너희들은 잘 기억해두어라. 이것은 교훈이 될 만한 일이다."라고 하였다. 이는 부모님이 돌아가시고 뒤늦게 후회하지 않도록 살아생전에 부모를 잘 봉양하도록 하여야 함을 강조하는 말이다.

  수나라 말기의 이밀(李密)은 '풍수지탄'의 교훈을 잘 알고 있었다. 이밀은 진(晉)나라 무양(武陽) 출신 사람으로 태어나서 6개월 만에 아버지를 잃고, 네 살 때 어머니가 개가(改嫁)하여, 조모 유씨의 손에서 자랐다. 진 무제 때 세마(洗馬)라는 관직에 임명되었으나, 늙으신 할머니의 봉양을 위해 관직을 사양했다. 이에 무제가 크게 노하자 이밀은 자신을 까마귀에 비유하면서 "신(臣)에게 조모가 없었던들 오늘의 신은 있을 수 없습니다. 또 신의 조모는, 신이 없으면 여생을 편히 마칠 수가 없습니다. 조모와 손자가 서로 목숨을 의지하고 있사온대 어찌 조모를 버리고 멀리 떠날 수가 있겠습니까. 신은 금년에 나이 마흔넷이고 조모 유씨는 이제 아흔여섯이니, 신이 폐하께 충성을 다할 날은 길고 조모 유씨를 봉양할 날은 짧습니다. 어미새의 은혜에 보답하는 까마귀의 사사로운 마음으로 조모가 천명을 다할 때까지, 신으로 하여금 봉양할 수 있도록 해주시기 바랍니다."라는 진정표(陳情表)를 올렸고 무제는 그의 효심에 크게 감동하여 큰 상을 내리기까지 하였다.
  또한, 이 글은 읽고서 눈물을 흘리지 않으면 효자가 아니라고 할 정도로 명문으로 꼽혀 후세에 전해지고 있다. 제갈량의 출사표(出師表)를 읽고 눈물이 없으면 충신이 아니라고 한 것과 같은 말이다.
  이밀이 '오조사정(烏鳥私情)'이라고 한 말은 새들 중에 까마귀를 효조 또는 효오라고 부르는 데서 기인한다. 어릴 때 자기에게 먹이를 물어다주던 어미 까마귀가 늙어서 운신을 못하게 되면 새끼가 자라서 늙은 어미에게 먹이를 물어다 먹인다고 하여 효조로 불

린다. 까마귀의 효성을 사자성어로 '반포지효(反哺之孝)'라 하는데, 한갓 새와 짐승들 중에도 어미에게 보은할 줄 알거늘 사람이 부모를 봉양하는 것은 너무나 당연한 도리다. 그러나 봉양하는 데는 때가 있다. 아무리 봉양하고 싶어도 부모가 기다려주지 않으면 봉양할 수 없다. 그 일이 늦지 않고 때에 맞아야 할 것이다.

이효상효(以孝傷孝)

이효상효란 효성이 지극한 나머지 부모의 죽음을 슬퍼하고 지나치게 사모하여 병이 나거나 죽음을 뜻하는 말이다.

그리스신화에 나오는 안티고네는 효성과 우애의 표본이었다. 그녀는 오이디푸스의 딸이었는데, 이 집안은 가혹한 운명의 희생물이 되어 멸망하였던 것이다.

오이디푸스는 발광하여 자기의 눈을 잡아 빼고, 천벌의 대상자로서 모든 사람의 공포의 대상이 되고 버림을 받아, 그가 왕이었던 테베로부터 추방당하였다. 그의 딸인 안티고네만이 그의 방랑의 수행자가 되어 그가 죽을 때까지 그의 곁에 있다가 테베로 돌아갔다.

안티고네의 슬픈 노래 한 구절을 들어 보자. 죽음이 마침내 오이디푸스를 그 고난에서 해방시켰을 때의 일이다.

'아! 내가 다만 바라는 것은 불쌍한 아버지와 함께 죽고 싶었던 일이었다. / 어떻게 이 이상 살기를 바라겠는가. / 오, 아버지와 함께라면 나는 괴로움도 좋아하였다. / 더없이 싫은 일도 아버지와 함께라면 그리운 것이 되었다. / 오, 나의 소중한 아버지!/

이미 지하의 깊은 어둠 속에 묻혀버린 아버지/ 당신은 노령으로 지쳐 있을지라도 내게는 소중한 분이었다./ 또한 앞으로도 영원히 그러할 것이다.'

우리나라에도 안티고네 못지않은 효녀가 있다.

판소리계 고전소설인 〈심청전〉은 단순한 공상 속에서 빚어내는 비현실적인 하늘나라의 환상극이 아니다. 몽운사 화주승의 공양미 삼백 섬을 불전에 시주하면 부친 눈을 뜨게 해주겠다는 솔깃한 말을 듣고 심청은 인당수 푸른 물에 몸을 던지는 이효상효(以孝傷孝)를 실천한다.

심청은 아버지 심학규와 어머니 곽 씨 부인 사이에서 태어났으나 이레 만에 어머니를 여의고, 원래 잠영세족(簪纓世族:대대로 높은 벼슬을 하여 온 집안)으로 문벌이 혁혁하였던 아버지는 가운이 영락하여 나이 이십에 눈이 멀었다. "내 신세 생각하니 개밥에 도토리요, 꿩 잃은 매가 되니 뉘를 믿고 살 것인가?" 곽 씨 부인이 죽자 평토제를 지내고, 축문을 읽고 난 뒤 심 봉사는 한탄하였다.

아버지의 동냥젖으로 자란 심청이 커서 구걸을 하여 아버지를 봉양하며 "아버님, 들어보세요. 말 못하는 까마귀도 날이 저물면 반포(反哺)할 줄 알고, 곽거(郭巨)라는 사람은 부모에게 맛있는 음식으로 공경이 극진하여 세 살이 된 어린아이가 부모 반찬을 먹으려고 하자 산 자식을 묻으려고까지 하였으며, 맹종(孟宗)은 효도로 엄동설한에 죽순을 얻어 부모 봉양하였다는데, 구걸인 듯 못하리까. 아버님 어두운 눈으로 험악한 길 다니시다 넘어져 다치기 쉽고, 불피풍우(不避風雨:비바람을 무릅쓰고 피하지 아니함)하고 다니시면 병환 날까 염려되오니 아버지는 오늘부터 집안에 계시오면 소녀 혼자

밥을 빌어 조석으로 근심 덜도록 하겠나이다."하였다.

그러다가 심청은 마침내 뱃사람들을 따라 다시는 못 올 길을 가고, 심 봉사는 새만 포르르 날아가도 "청이 오느냐?" 낙엽만 버석거려도 "청이 너 오느냐?"며 사랑스런 딸 생각에 잠을 못 이룬다.

딸의 몸값으로 얻은 재산을 모두 탕진시켜버린 뺑덕어멈 때문에 심 봉사는 더욱 곤궁에 처하여 있다가, 정말 부처님의 자비가 애달픈 부녀(父女)의 가슴을 관류하였는지, 두 사람은 극적으로 상봉하고 심 봉사는 드디어 눈을 뜨게 되었으니 우리의 주인공, 우리의 효녀 심청을 어찌 잊을 수 있겠는가.

효와 관련하여 성경에 나오는 대표적인 인물이 '룻'이라는 여인이다. 룻은 유대인이 아니다. 유대인에게 멸시받는 이방인이었다. 그런 룻이 예수의 족보에 올라가는 영광을 누리게 된다.

룻의 시어머니는 나오미다. 그녀는 고향을 떠나 모압 땅에서 살다가 졸지에 남편과 두 아들을 잃고 만다. 모압 땅에서 모든 소망을 잃은 나오미는 자신과 같이 과부가 된 며느리에게 자신은 고향에 돌아갈 것이니 각자의 길을 가라고 한다.

동서(同壻)와 달리 룻은 시어머니의 만류에도 불구하고 끝까지 시어머니와 함께 갈 것을 결심한다. 룻이 시어머니에게 자신의 결심을 밝히는 장면인 〈구약전서〉 '룻기' 1장 16~17절의 말이 참 아름답다. 룻이 대답하기를 "나더러 어머님 곁을 떠나라거나, 어머님을 뒤따르지 말고 돌아가라고는 강요하지 마십시오. 어머님이 가시는 곳에 나도 가고, 어머님이 머무르시는 곳에 나도 머무르겠습니다. 어머님의 겨레가 내 겨레이고, 어머님의 하나님이 내 하나님입니다. 어머님이 숨을 거두시는 곳에서 나도 죽고, 그곳에 나도 묻히겠습니다. 죽음이 어머님과 나를 떼어놓기 전에 내가 어머님을 떠난다면, 주님께서 나에게 벌을 내리시고 또 더 내리신다 하여도 달게 받겠습니다." 하였다.

이 결심대로 룻은 끝까지 시어머니를 사랑하였고, 섬겼고, 극진히 모셨다. 하나님은 그런 룻을 기특하게 보았다. 성경은 "자녀 된 이 여러분, [주 안에서] 여러분의 부모에게 순종하십시오. 이것이 옳은 일입니다. "네 부모를 공경하라"고 하신 계명은, 약속이 달려 있는 첫째 계명입니다."네가 잘되고 땅에서 오래 살 것이다(〈신약 전서〉 '에베소서' 6장 1~3절)."라고 효에 대한 축복의 약속을 하였다고 기록하고 있다.

공자는 "부모의 나이는 알지 않을 수 없다. 한편으로는 그 때문에 기쁘고 한편으로는 그 때문에 두렵기 때문이다."라고 하였다. 부모의 나이를 기억하여 알고 있으면 한편으로는 오래 사신 것이 기쁘지만, 또 한편으로는 노쇠하셔서 사실 날이 얼마 남지 않은 것이 두려운 것이다.

효(孝)는 여기서 끝나는 것이 아니다. 공자는 봉양하는 것만이 孝가 아니라 의식을 주도하는 공경(恭敬)을 강조한다.

> *지금의 孝라는 것은 어버이를 잘 봉양하는 것이라고들 말하지만 개나 말에 있어서도 다 잘 먹여 기르고 있으니 공경하지 아니하면 무엇을 가지고 구별하겠는가?「논어」「위정」*

부모를 봉양함에 있어서 가장 중요한 것은 공경심을 가지고 대하여야 한다는 것이다. 공자시대에도 오늘날처럼 부모님에게 용돈을 드리거나 맛있는 음식을 대접하거나 하면 그것으로 효도를 다 했다고 생각하는 사람이 있었던 듯하다.

개나 말에게도 그러한 기름(育)이 있다. 요즘은 집에 키우던 개가 아플 경우에도 사람이 아플 때보다 치료비가 더 많이 들어가기도 한다. 그러면 개한테도 효도를 하고 있는 셈인가? 결코 그렇지 않다. 부모님을 봉양하는 것과 개를 기르는 것의 차이는 어디에 있는 것일까? 오직 공경(恭敬)에 있는 것이다. 즉 존경하지 않으면 무엇을 가지고 구별 하겠는가? 개는 사랑스럽기는 하지만 개를 존경하지는 않는다. 그러므로 부모에 대한 존경심이 없다면 그것은 효도라 할 수 없다. 어떤 강제력에 의해 효를 행한다거나 어떠한 목적을 달성하기 위해 효를 행한다면 그것은 진정한 효라고 할 수 없다. 그러므로 사람으로서 해야 할 참다운 효도는 물질적으로 봉양하는 것뿐만 아니라 부모의 뜻을 공경하고 받들어야 하는 것이다.

이처럼 효도의 방법은 먼저 부모를 공경으로써 잘 봉양하는 것이며, 다음으로는 부모의 뜻에 잘 따라야 하는 것인데, 그 뜻을 잘 따르기 위해서는 우선 신체적으로 건강해야 한다. 부모는 자식을 사랑하는 마음이 지극하여 오로지 자식이 병들까 걱정한다. 그러한 부모의 마음을 헤아린다면 자식은 자신의 몸을 잘 지키기 위하여 늘 조심하고 삼가야 한다. 효자로 유명한 증자(曾子)는 병이 들자 문하의 제자들을 불러놓고 말했다. "이불을 걷고 나의 손과 발을 살펴보아라.

『시경』에 이르기를 '두려워하고 조심하기를 깊은 못가에 임한 듯하며 살얼음 밟듯이 한다'라고 하였으니 이제야 나는 근심에서 벗어남을 알겠구나! 제자들아.』『논어』 「태백」

이 말은 부모가 이 몸을 온전히 낳아 주셨고 자식이 온전히 보전하고 돌아가야 하니 증자가 죽을 때까지 그 몸을 보존하기 위하여 깊은 못가를 가 듯, 얇은 얼음을 밟듯 조심히 살아왔다는 뜻이다. 곧 '신체발부(身體髮膚)는 부모에게서 받은 것이므로 훼손시키지 아니하는 것이 孝의 시작'인 것이다.

아버지가 돌아가시는 것을 천붕(天崩)이라 하고, 자식을 먼저 잃는 일을 참척(慘慽)이라 한다. 참척은 슬플 '慘'에 슬플 '慽'자다. 아들 딸, 손자 손녀의 죽음을 보는 것이 참척당하는 일이다. 참척의 슬픔은 성웅(聖雄) 이순신장군도 다를 바 없었다. 그의『난중일기』에서 전란 중에 아들이 전사했다는 통보를 받고 통곡하며 너무나 괴로워하는 마음을 드러내었다.

"저녁 때 어떤 사람이 천안에서 집안 편지를 전하는데, 봉함을 뜯기도 전에 뼈와 살이 먼저 떨리고 정신이 혼란해졌다. 겉봉을 대강 뜯고 둘째 아들 열의 글씨를 보니 거죽에 '통곡' 두 글자가 씌어 있어 면의 전사를 알고, 간담이 떨어져 목 놓아 통곡하였다. 하늘은 어찌 이다지도 불인(不仁)하신가! 간담이 타고 찢어지는 것 같다. 내가 죽고 네가 사는 것이 마땅한 이치인데, 네가 죽고 내가 살다니 이런 어긋난 일이 어디 있을 것이냐. 하늘과 땅이 캄캄하고 해조차도 빛이 변하였구나! 슬프다, 내 어린 아들아! 나를 버리고 어디로 갔느냐? 너의 영특함이 비범하여 하늘이 세상에 남겨두지 않는 것이냐. 내가 지은 죄 때문에 앙화가 네 몸에 미친 것이냐. 내 이제 세상에 살아 있은들 누구에게 의지할 것이냐. 너를 따라 같이 죽어 지하에서 같이 울고 싶다마는, 너의 형과 너의 누이와 너의 어머니가 의지할 곳이 없으니, 아직 살아서 목숨을 연명이야 한다마는 마음

은 죽었고 몸만 남아 있어 울부짖을 따름이다. 하룻밤 지내기가 일
년 같구나!"

　참척은 이리도 비통하고 애통한 것이다. '차마 땅에 묻을 수 없어
가슴에 묻는다.'는 것이 부모의 마음이건만은 오늘날 세상에 적응
하지 못하는 젊은 자녀들이 스스로 목숨을 끊어 부모를 참척케 하
는 불효를 저지른 채 세상과 작별하고 있다. 부모에게 혹독한 슬픔
을 안겨주고 떠나가는 안타까운 모습이 아닐 수 없다.
　효가 부모의 뜻을 잘 따르고 어김이 없어야 하는 것이라고 하여
분별하지 않고 무조건적으로 부모의 말을 따라서도 안 된다. 부모
가 자녀를 사랑하는 마음은 하늘과 같은 마음이지만, 순간적인 욕
구나 충동에 의해서 본마음이 변질되어 나올 수도 있기 때문이다.
그러할 때에는 부모를 섬기되 은근히 간하여 설득함으로써 방지해
야 한다. 혹 자신의 뜻이 잘 받아들여지지 않더라도 강력히 요구하
게 되면 다투는 방향으로 흘러 부모와 하나 됨을 잃을 수 있으므로,
그럴수록 더욱 공경하고 노력하며 부모 섬기는 일에 더욱 정성껏
성의를 다해야 한다고 『논어』 「이인」 편에서는 전한다.
　친애하고 존경함으로써 높이는 마음이 생기게 되고 스스로가 겸
양하는 태도를 갖게 된다. 이러한 사랑과 존경의 체험이 형제간에
우애 있게 만들고, 장유간에 질서 있게 만들며, 부부간에 화순하게
만들고, 붕우간에 신의 있게 만드는 것이다.

　　어버이를 섬기는 자는 윗자리에 있어서는 교만하지 않고, 아
　　랫사람이 되어서는 어지럽히지 않으며 같은 동료들과는 다투
　　지 않는다. 윗자리에 있으면서 교만하면 망하게 되고, 아랫사

람이 되어서 어지럽히면 형벌을 받게 되며 같은 동료와 다투면 싸움이 발생하게 된다. 이 세 가지를 없애지 않으면 비록 날마다 세 종류의 짐승(소·양·돼지)을 잡아서 봉양한다고 하더라도 오히려 불효가 되느니라. 『효경대의』 「전7장」

가장 근원적인 관계인 부모를 무시하거나 함부로 대하는 사람이라면 이 세상에서 그가 무시하지 않을 사람이 없다. 그런 사람이 남에게 예의를 보인다면 자신의 욕심을 채우기 위해 음흉함을 숨기고 있으므로 위험한 사람이다. 인간의 도리 중에서 가장 기본적이고 중요한 것이 부모와 하나 됨을 유지하는 것이다. 부모와 하나 되어 부모를 잘 섬기는 자는 모든 인간관계에도 영향을 끼치게 된다. 부모와 한마음이 되어 있는 사람은 다른 사람과의 관계에서도 한마음을 유지하려고 노력하기 때문에 모든 인간과의 관계에서 신뢰가 쌓이고 편안해지게 되는 것이다.

"군자의 도(道)는 비유하자면 먼 곳에 가는 것은 반드시 가까운 데서부터 시작하는 것과 같으며, 비유하자면 높은 곳에 오르는 것은 반드시 낮은 데서부터 시작하는 것과 같다." 『중용』 15

형제 자매간의 끈끈한 정

중국 송나라 때 철학을 집대성한 주희와, 같은 시대의 유학자 여조겸(呂祖謙)이 함께 엮은 『근사록』은 '송나라의 논어'라고도 불렸다. 그 책에 보면 송나라 철학자인 장재(張載) 선생의 가르침이 있다.

　"사람들은 한 뱃속에서 태어난 나의 형제이고, 만물은 더불어 함께하는 나의 친구이다. 나이 많은 어른을 존중하는 것은 자기 집 어른을 존중하는 것이고, 외롭고 약한 자를 자애롭게 대하는 것은 내 아이를 아이로서 사랑하는 것과 마찬가지다. 하늘의 위엄을 두려워하여 하늘의 뜻을 잘 보존하는 것은 자식으로서 부모를 지극히 공경하는 것이고, 하늘의 섭리를 즐거워하고 또 근심하지 않는다는 것은 부모에게 효도함이 순수한 것과 같다. 하늘의 이치를 거스르는 것을 패덕(悖德)이라 하고, 인(仁)을 해치는 것을 적(賊)이라 한다. 악을 행하는 자는 재능이 모자라는 사람[不才]이고, 타고난 몸[形體]을 온전하게 실현해 나가는 것[踐形]은 오로지 부모와 닮은 사람[肖者]뿐 이다."

　형제의 우애는 아무리 강조하여도 끝이 없다. 『소학』이 어린아이가 이해하기 어려운 점을 고려하여 외우기 쉽게 1행에 4자씩 글귀를 만든 책인 『사자소학』에서는 '형이 허물이나 잘못이 있으면 기운을 화하게 하여 간하고 아우가 허물이나 잘못이 있거든 소리를 기쁘게 하여 가르쳐라'고 하였다.

　중국 〈삼국지〉에 나오는 위나라 조조의 아들 조비(曹丕)가 위왕의 자리에 오르자 동생 조식(曹植)이 자기 자리를 욕심내는 것 같아 동생을 없애려고 그의 글 솜씨를 시험한다. 일곱 걸음 안에 '콩[豆]' 글자를 운을 삼아 시를 지어야 하는 것이었다. 그것이 유명한 '칠보작시(七步作詩)'이다. 그 내용이 형제간의 도리를 말하고 있다.

　자두연두기(煮豆燃豆萁) 콩깍지를 태워 콩을 볶으니
　두재부중읍(豆在釜中泣) 콩은 솥 안에서 울고 있네

본시동근생(本是同根生) 본래 같은 뿌리에서 태어났는데
상전하태급(相煎何太急) 어찌 이리도 급하게 지지고 볶는가

'솥 아래에서는 콩깍지가 불타고, 솥 안에서는 콩이 뜨거워서 울고…' 동생의 형에 대한 말 못 할 안타까움이 묻어난다. 이 시를 듣고 조비도 부끄러워하며 동생에 대한 경계를 풀었다고 한다.

형제간의 우애도 소중하지만 오누이, 즉 남매간과 자매간의 정리(情理) 또한 귀하지 않을 수 없다. 신라 경덕왕 때 월명사(月明師)가 지은 십구체(十句體)의 향가(鄕歌) 〈제망매가(祭亡妹歌)〉도 가슴을 저민다.

"삶과 죽음의 길은/ 여기에 있으나 두려워지고/ '나는 간다'라는 말도/ 다 말하지 못하고 가는?/ 어느 가을 이른 바람에/ 여기저기에 떨어지는 낙엽과 같이/ 한 나뭇가지에 태어나고/ 가는 곳 모르는구나./ 아아, 아미타 절에서 만날 나/ 도(道) 닦으며 기다리련다."

월명사가 그의 죽은 누이를 위하여 재(齋)를 올릴 때 이 노래를 지어 부르니 갑자기 광풍이 지전(紙錢)을 날리어 서쪽으로 사라졌다고 한다.

생명의 역사는 태초부터 지금까지 한 번도 끊이지 않고 이어온 유전자의 일대기이다. 인간은 삶이라는 연극 무대에 잠시 등장하였다가 퇴장하는 배우라고 하였던 셰익스피어의 말처럼 내 삶은 유한하지만 나를 만들어 준 부모님의 유전자는 내 몸을 거쳐 내 자식과 손주로 이어진다. 닭이 알을 낳는 게 아니라 알이 닭을 낳는다.

가깝고도 먼 父子간의 거리

신약전서의 셋째 복음서인 누가복음 15장에 보면, 아들을 잃었다가 그 아들이 회개하고 다시 그에게로 돌아왔을 때에 그의 아버지가 기뻐하고 잔치를 베푼 '돌아온 탕아(蕩兒)' 이야기가 있다.

어떤 사람이 두 아들을 두었는데, 작은아들이 아버지에게 제 몫으로 돌아올 재산을 달라고 청하였다. 그래서 아버지는 재산을 두 아들에게 나누어 주었다. 며칠 뒤에 작은 아들은 자기 재산을 가지고 먼 지방으로 떠나갔다. 거기서 방탕한 생활을 하면서 그 재산을 낭비하였다.

돈이 다 떨어져 알거지가 된 후에야 "아버지, 제가 하늘과 아버지께 죄를 지었습니다. 이제 저는 감히 아버지의 아들이라고 불릴 자격도 없습니다. 용서하여 주십시오" 하고 빌어 보리라 생각하였다. 마침내 그는 자기 집으로 발길을 돌렸다.

집으로 돌아오는 아들을 멀리서 바라본 아버지는 반가움에 달려가 아들의 목을 끌어안고 입을 맞추었다. 아버지는 하인들을 불러 "어서 제일 좋은 옷을 꺼내 입히고 신을 신겨 주어라. 그리고 살찐 송아지를 끌어내다 잡아라. 먹고 즐기자. 죽었던 내 아들이 다시 살아왔다. 잃었던 아들을 다시 찾았다." 하고 말하였다.

밭에 나가 있던 큰아들이 돌아와서 이 광경을 보고는 아버지에게 "아버지, 저는 이렇게 여러 해 동안 아버지를 위하여서 종이나 다름없이 일을 하며 아버지의 명령을 어긴 일이 한 번도 없었습니다. 그런데도 저에게는 친구들과 즐기라고 염소 새끼 한 마리 주지 않으시더니, 창녀들과 어울려서 아버지 재산을 다 날려버린 동생이 돌아오니까 그 아이를 위하여서는 살찐 송아지까지 잡아 주시다니

요?" 하고 투덜거렸다. 이 말을 듣고 아버지는 "얘야, 너는 늘 나와 함께 있으니 내가 가진 모든 것은 다 네 것이다. 그런데 네 동생은 죽었다가 살아났고, 내가 잃었다가 되찾았으니, 즐기며 기뻐하는 것이 마땅하다" 하고 말하였다.-

성경에서는 "천당에서는 죄짓고 회개한 한 사람은, 회개할 필요가 없는 착한 아흔아홉 사람과 똑같은 기쁨을 누릴 수 있다."고 말하고 있다.

불교 대승경전(大乘經典)의 하나인 〈법화경(法華經)〉에는, 갑부의 외아들로 태어나고도 빈궁 속을 헤매던 한 젊은이의 이야기가 실려 있다. '장자궁자(長者窮子)'라는 유명한 예화(例話)이다.

-인도의 한 부자가 아장아장 걸음마를 익히기 시작한 외아들을 극진히 사랑하며 부러울 것 없이 살고 있었다. 그런데 어느 날 그 아들을 잃어버렸다. 한편 집을 나와 길을 잃은 아들은 홀로 성장하며 거지 신세로 방랑생활을 거듭하였다.

세월이 흐르고 흘러 어쩌다가 그 젊은이는 자기 고향, 자신이 태어난 집 앞에 당도하였으나 기억은 없었다. 우연히 대문안을 들여다보니 점잖은 주인이 비단옷을 입고 몸종들에게 둘러싸여 있었다. 물론 그가 아버지인 줄은 꿈에도 몰랐다. 하나, 집주인은 한눈에 그 거지가 자기 아들임을 알아차렸다. 그래서 하인을 시켜 급히 불러 들이려 하였지만 놀란 거지 아들은 거지들의 소굴로 도망가고 말았다.

아버지는 이번에는 스스로 가난한 사람처럼 허술한 옷을 입고 아들을 찾아갔으나 자기가 아버지인 것을 알리지 않았다. 막노동이지만 열심히 일하면 생활은 보장되니 그의 집에 갈 것을 친절히 권유하였다.

그러나 아들의 비굴한 마음을 불식시키고, 믿음이 회복되고, 가업(家業)이 전수되기까지는 그로부터 무려 20년이 넘게 걸렸다고 한다. 임종할 때야 비로소 부자지간임을 알려 자신의 재산을 상속시킬 수 있었다.

사랑하는 것은 나와 가장 가까운 부모를 사랑하는 것으로부터 시작된다. 부모의 뜻을 따르고 형제, 처자가 화목하게 지내는 일상적인 것들이 진리실천의 출발점이 되는 것이다. 자신의 부모를 사랑한다는 것은 타인을 사랑할 수 있는 기초이므로 부모와 내가 하나라는 것을 알게 되면 부모와 형도 하나이기 때문에 부모를 통하여 나와 형이 하나가 되고 할아버지께로 효성이 지극하게 되며 사촌간에도 우애가 있게 된다. 이렇게 사촌, 오촌 등으로 확산해가면 종족 간 모두와 화목하게 되고, 나와 하나 되는 관계가 점차 확산되어 결국 모든 인류가 하나 되는 관계를 회복할 수 있고, 나아가서는 만물과도 하나가 되어 만물일체(萬物一體)가 실현된다.

어머니의 숨은 사랑

줄곧 부모의 자식 사랑에 관한 발자취를 더듬다 보니 필자의 어머니 이야기를 슬쩍 곁들이고 싶다.

어머니는 올해(2023년) 98세이시다. 일제 강점기를 지나 해방이 되던 해 스무 살의 꽃다운 나이에 필자의 선친과 혼인하였다. 슬하에 딸 넷, 아들 둘 여섯 남매를 낳아 그 힘든 보릿고개를 넘으면서

겨우겨우 먹이고, 가르치고, 키우셨다. 큰딸이 스물네 살이 되던 해에 시집을 보냈는데, 그 옛날에는 딸을 시집보내면 출가외인(出嫁外人)이요, 그 집(시댁) 귀신이 된다고 하여 어머니들은 이별의 눈물을 흘리셨다. 현대에 와선 딸이 결혼하여 사위를 맞이하면 아들이 하나 생겼다고 좋아하는 세태(世態)로 달라졌지만…

그래서 딸을 시집보내면 못내 불안하고 애틋한 마음에 혹시라도 살아가면서 남에게 말 못할 어려움이 있을 때를 염려하여 요긴하게 쓰라고 아무도 몰래 비상금을 쥐어주곤 하였다. 물론 형편이 좋은, 소위 '금수저'로 불리는 상위 1%의 부잣집에서나 있을 수 있는 일이었다. 어머니는 시집가는 딸에게 비상금은커녕 혼수도 넉넉하게 갖추지 못하고 작수성례(酌水成禮)처럼 예식만 겨우 올리고 보낸 것이 항상 가슴에 한(恨)이 되어 응어리로 멍울져 있었다.

그 후로 막내딸을 결혼시킬 때까지도 집안 형편은 별로 나아진 것이 없었다. 지금 그 여섯 남매가 모두 가정을 이루고 또 그 아래 자식들이 결혼하여 보금자리를 마련하니 어머니를 정점으로 그 아래로 사위, 며느리, 손주, 증손주를 합하니 무려 60명에 이른다. 그야말로 대가족이다. 그래서 전원이 참여하는 가족행사라도 하려면 대형 관광버스를 두 대는 족히 대절하여야 한다.

세월은 흘러 어머니가 95세 되던 해 3월의 생일이 지난 어느 날, 딸 넷을 불러 모아 놓고 금일봉씩을 내놓으셨단다. 그 옛날 시집보낼 때 미처 챙겨주지 못한 비상금이라며 아무에게도 말하지 말라고 신신당부하면서 말이다. 마치 〈열녀춘향수절가(烈女春香守節歌)〉에 나오는 무슨 '천기누설(天機漏泄)'이라도 되는 듯이 입을 닫게 한 것이다. 큰딸 결혼 50주년이 되던 해에 어머니는 반세기 동안 가슴을 짓누르고 있던 마음의 빚을 갚는 순간이었다. 꿈에도 생각하지 못한 봉투를 받아든 딸들은 감동과 놀라움에 어찌할 바를 모르고 있다가 한참 뒤에야 비로소 가족과 주위 친지들에게 자랑하고 다니며 그 돈을 모두 나누어 주었다고 한다.

나중에 그 사실을 알고 어머니께 어찌된 일이냐고 여쭈었더니, 살아생전에 마음의 빚을 갚게 되어서 마음이 편안해 졌다는 것이었다. 어머니와 딸의 사이는 생물학적인 관계를 떠나 또 어떤 화학적인 관계일까? 그저 먹먹하기만 하다. 옛날에 모용씨(慕容氏)가 말하기를 "마음의 생리기능은 생각하는 것[心之官曰思]"이라고 하였는데, 이제 모든 것 다 내려놓으시고 항상 좋은 일만 생각하시면 더할나위 없이 기쁘겠다.

그 일이 있고 난 다음 딸들은 멀리 있으면서도 더 자주 찾아뵙고, 그 덕에 어머니의 표정도 밝아지고 건강도 더 좋아지셨다. 어머니, 존경합니다. 어머니의 아들로 태어나서 자랑스럽습니다.

문득 가수 나훈아씨의 노래 〈홍시(紅柿)〉가 생각난다.

'생각이 난다 홍시가 열리면 울 엄마가 생각이 난다
자장가 대신 젖가슴을 내주던 울 엄마가 생각이 난다
눈이 오면 눈 맞을세라 비가 오면 비 젖을세라
험한 세상 넘어질세라 사랑땜에 울먹일세라
그리워진다 홍시가 열리면 울 엄마가 그리워진다
눈에 넣어도 아프지도 않겠다던 울 엄마가 그리워진다.

생각이 난다 홍시가 열리면 울 엄마가 생각이 난다
회초리 치고 돌아앉아 우시던 울 엄마가 생각이 난다
바람 불면 감기 들세라 안 먹어서 약해질세라

힘든 세상 뒤처질세라 사랑땜에 아파할세라
그리워진다 홍시가 열리면 울 엄마가 그리워진다
생각만 해도 눈물이 핑~ 도는 울 엄마가 그리워진다
생각만 해도 가슴이 찡하는 울 엄마가 그리워진다.' -
어머니! 오래오래 건강하세요.

한국에서 충효(忠孝)사상은 민족공동체를 유지해 온 전통정신이다. 전통이란 우리 자신을 스스로 긍정하고 우리 사회와 문화를 아끼고 신뢰하는 마음에서부터 시작되는 것이다.

역사학자 아놀드 조셉 토인비(Arnold Joseph Toynbee, 1889~1975)는 "한국에서 장차 인류문명에 크게 기여할 것 중의 하나는 孝사상이다"라는 말을 남기기도 했다. 이러한 전통은 시대가 변한다고 하여 쉽게 바뀌어지는 것이 아니며, 조상들이 남긴 정신과 사상을 되새겨보고 잃어버리지 않도록 잘 지켜나가야 할 것이다. 孝교육은 孝의 내용을 암기하도록 가르치는 정도로 그쳐서는 안 된다. 孝의 정신을 이해하도록 가르치고 스스로 실천할 수 있도록 선도해야 할 것이다.

모든 인성교육은 부모와의 관계에서 형성되고 성장해 간다. 여기에 孝정신이 바탕이 되면 더할 나위 없는 교육이 될 것이다. 효심은 어느 특정인에게만 있는 것이 아니다. 인간이면 누구나 마음속으로부터 자연스럽게 우러나오는 본래적인 것이다. 이러한 본래적인 감정은 부모님이 돌아가신다고 하여 사라지는 것이 아니라 계속 이어지는 것인데, 그 계속되는 감정을 표현하는 한 형태가 제사이며 제사의 형태를 통하여 효가 이어지는 것이다.

유교문화권에서는 가정이 교회이자 절이고, 도(道)를 닦는 수련장이다. 그러한 의미에서 제사의 목적은 바로 '하나 되고 조화 이루는 마음에 있음'이다. 그 잃어버린 본래의 의미를 회복하기만 한다면, 설과 추석은 늘 그래왔던 것처럼 '손꼽아 기다리는 우리들의 대명절'이 될 것이다. 사랑하는 이들이 모두 모여 한바탕 웃음꽃을 피우는 신나는 축제의 마당이 될 것이다.

이참에 사람의 죽음을 가리키는 말을 보자. 가장 일반적인 표현은 사망(死亡)이다. 그러나 죽음을 나타내는 단어는 대상에 따라 표현을 달리한다. 보통 사람의 죽음을 '사망(死亡)'이라 하며 사랑하는 아내의 죽음은 '단현(斷絃)', 아버지의 죽음은 천붕(天崩), 어머니의 죽음은 지붕(地崩), 열사(烈士)의 죽음은 순국(殉國), 전장에서 목숨을 바친 군인은 산화(散華)로 표현한다. 또 인간계를 떠난다 하여 타계(他界)로도 부른다. 그런가 하면 임금의 죽음은 승하(昇遐) 외에 붕어(崩御), 붕서(崩逝) 등 다양하며 왕세자의 죽음은 훙거(薨去)라 한다. 그 외에도 죽어서 없어진다는 뜻으로 사몰(死沒), 세상을 버린다는 뜻의 기세(棄世), 넋이 하늘로 돌아간다고 하여서 귀천(歸天), 혹은 황천(黃泉)으로 간다고 귀천(歸泉)이라 한다. 또한 죽어서 세상을 떠난다고 사거(死去), 죽어서 멀리 간다고 하여서 졸거(卒去), 윗분이 돌아가셨을 때는 별세(別世), 보다 더 존경의 염을 담을 때 쓰는 서거(逝去) 등의 표현이 있다. 반면에 변사(變死)는 뜻밖의 사고로 죽음을 당하였을 때 쓰인다.

제사의 즐거움

기독교에서 중시하는 포인트는 하늘을 찾는 것이고, 하늘의 뜻을 따르는 일이다. 하늘의 뜻이란 이 세상 사람들 모두가 가족처럼, 형제처럼 사랑하며 살아가는 것을 말한다. 이것은 다른 종교도 마찬가지이며, 유학(儒學)의 핵심이기도 하다. 기독교의 십계명에서는 "네 부모를 공경하라. 그리하면 너의 하나님 나 여호와가 네게 준 땅에서 네 생명이 길어지리라"고 하여 첫 계명이 부모에 대한 효도였다. 그런 의미에서 제사는 바로 하늘의 마음을 되찾는 지름길 중의 하나이고, 모두가 사랑하며 살아가는 우리 본래의 모습으로 돌아가는 데 중요한 기능을 한다.

오늘날 제사를 행하는 양식 가운데 비판받는 대목은 "제사는 귀신을 숭배하는 것일 뿐이다." "귀신이 와서 음식을 먹느냐?" 하는 따위이다. 그러나 제사는 산 자와 죽은 자가 마음으로 만나는 것이고, 살아 있는 사람들이 모이는 장소이다. 그러므로 제사는 만남의 양식이다. 만남은 소통을 전제로 한다. 제사를 지내고자 하는 마음만 있다면 장소가 어떤 곳이 되었든지 부모님을 생각하면서 정성껏 냉수 한 그릇이라도 떠 놓고 부모를 그리워하는 것으로도 충분하다. 『예기』에 보면 "제사란 밖으로부터 이르는 사물이 아니라 마음속으로부터 우러나오는 것으로, 마음이 슬퍼져 예(禮)으로써 받드는 것이다[夫祭者 非物自外至者也 自中出生於心者也 心怵而奉之以禮]."라고 하였다.

제사를 지내는 것은 어버이가 돌아가신 후 살아생전에 미처 다하지 못한 봉양을 뒤좇아서 하고, 미처 다하지 못한 효도를 이어가는 행위이다. 삶과 죽음은 대우주의 질서요, 대자연의 현상이다. 그렇기 때문에 삶이 허무하거나 허망한 것도 아니며, 죽음이 두렵고 무서운 것도 아니다. 다만 주어진 삶을 얼마나 가치 있게 영위하느냐에 달려 있다고 하겠다. 만물은 생겨났으면 소멸하기 마련이고, 인간은 죽음으로써 삶이 이루어진다. 생은 죽음의 근본이요, 죽음은 삶의 뿌리인 것이다. 그것이 생자필멸(生者必滅)이 아니던가. 참된 생명은 삶과 죽음을 포함하고 있고, 죽음이 삶을 머금고 있으므로 그 '일음일양(一陰一陽)' 하는 기운을 통하여서 그 까닭을 추리하여 인식하는 것이 도(道)이다.

옛글에서도 제사의 근본은 그 마음을 다하는 것이라고 하였다. 환언하면 제사는 그 때[時]에 올리는 것이며, 그 공경함을 올리는 것이며, 그 아름다움을 올리는 것이지 그 맛을 올리는 것이 아니다.

지극히 공경하는 데서는 맛으로 드리지 않고 기운과 냄새를 귀하게 여기도록 정성을 다하면 되는 것이다. 즉, 제물이란 제사를 드리는 사람의 정성을 갖추는 것으로, 흠향(歆饗)은 인간의 정성스러운 마음을 받아들이고 있음을 강조한다. 제사에서 제물은 신과 인간의 결합을 매개(媒介)하는 도구이기 때문이다.

제사상에 음식을 올릴 때는 조상의 혼령이 먹는 것을 전제로 하는 행위가 아니다. 거듭 말하지만 제사는 조상을 마음으로 만나는 가교(架橋)이어서 조상을 만나면 우선 반가움에 맛있는 음식을 대접하고 싶은 정성이 마음속에서 저절로 새록새록 솟아나온다. 그런 연유에서 제사상에 음식을 올리는 것은 다만 정성일 뿐이다.

제물을 바치는 것은 조상의 신령이 음식을 먹기 때문이 아니라 오늘의 '나'를 있게 하여 준 조상을 추모하고 은혜에 보답하는 최소한의 예의이며 다하지 못한 효도의 연장인 것이다. 실제로 조상이 음식을 먹는지 어떤지는 상관할 바가 아니다. 멀리 떨어져 있는 사람이 그리울 때면 그의 사진을 꺼내 보기도 하고, 혼잣말로 〈보고 싶다〉고 중얼거리는 것과 같이 제사도 매한가지의 행위일 따름이다.

기제(忌祭)는 기일(忌日), 즉 조상이 돌아가신 날에 지내는 제사이다. 더 정확히 표현하자면 친속(親屬)이 돌아가신 날을 말한다. 이에 따라 몸과 마음을 경건하게 하고, 매사에 금기한다는 의미에서 기일(忌日) 또는 휘일(諱日)이라고도 한다.

우리나라에서는 전통적으로 기제사를 모든 제사에 우선시할 만큼 중시하였다. 고려 말 〈가례(家禮)〉가 수용되고 나서는 '기일에는 반드시 제사를 지내며, 기일에는 말을 타고 외출하여 손님을 만나는 것을 금지하였다'라는 기록이 있다. 이에서 보듯 다른 제사와 달리 기일제에서는 극진한 슬픔으로 인하여 말과 행동을 각별히 삼가고 조심하였다. 제사 3일 전부터 목욕재계하고 술은 물론 마늘같이 향이 강한 음식도 먹지 않았으며 음악도 듣지 않고 부부가 잠자리도 함께하지 않았다.

전통적으로 기제사는 조상이 돌아가신 당일 0시가 지나서 새날이 시작되면 행하였다. 자정을 넘어서 지낸다는 것은 조상이 돌아가신 날인 기일 하루 전부터 제사 장소의 청소, 기물 준비, 음식 준비 등의 과정을 마치고 다음날 이른 시간에 기제사를 지낸다는 것이다. 제사를 한밤중에 모시는 의미는 그날의 일과가 시작되기 전 모든 것에 우선하여 제일 먼저 조상님을 모시려는 뜻이다. 제사를 새벽녘에 지내는 것은 새날이 시작되자마자 가장 먼저 조상을 영접하기 위해서이니, 이 시간대가 사람들의 왕래가 제일 적고 하루 중 가장 조용하고 깨끗하여 부정을 타지 않는다고 생각하였기 때문이다.

바쁜 일상을 살아가는 현대인들은 더 이상 제사를 부정적으로,

또 부담스럽게 생각하여 '제사의 무용론(無用論)'을 들고 나올 것이 아니라 제사 본래의 의미를 되새기고 제사의 순기능(順機能)을 다시 생각하여 볼 필요가 있다. 그러면 가족 관계에 있어서 새로운 문화를 꽃피울 수도 있을 것이다.

'전통제례'라고 하면 대못이라도 박아 놓은 듯이 고정불변 항목으로 여기는 사람들이 있다. 제사는 시대적 상황에 따라 변하게 마련이다. 이 세상 만물이 변하지 않는 것이 있던가. 제상(祭床)을 차리는 의식도 차츰 변하고 있다. 그렇다면 제사상에 왜 바나나와 케이크, 피자 같은 것은 사용하지 않느냐고? 그것은 옛날에 우리나라에 그런 과일이나 음식이 없던 것들이기 때문에 쓰지 않았을 뿐이다.

살아생전에 선친이 생선회를 좋아하였다면 생선회를 제상에 올리는 것이 무슨 문제가 되겠는가. 제사에 참여하는 사람들이 치킨을 좋아한다면 제상에 통닭구이를 올린다고 하여 무슨 탈이 나겠는가. 제사에 참여하는 아이들이 초콜릿을 좋아한다면 제상에 초콜릿을 올려도 된다. 사랑스러운 자식과 손주들이 좋아하는 음식을 올린다고 하여 돌아가신 선친이 노하시겠는가 말이다. 오히려 흐뭇하게 여기실 것이다.

시대의 변천에 따라 음식문화도 많이 달라졌다. 동남아시아에서 유교 전통이 가장 강한 국가 중 하나인 베트남에서는 제사상에 '초코파이'가 올라간다고 한다. 초코파이는 우리나라 제과회사가 베트남에 진출하여 생산. 판매하는데 시장 점유율이 50%에 육박하는 국민과자로 사랑받고 있다. 그래서 제사상에 초코파이가 올라가지 않으면 제사 안 지낸 것과 같다고 할 정도라고 한다. 이러한 현상에서 볼 수 있듯이 제사 음식을 마련할 때 가장 중요한 일은 오늘날 사람들의 입맛에 맞게 준비하는 것이다.

결론적으로 말하면 제사는 자기 존재의 근원과 가치를 깨닫게 하며, 자신과 가정, 나아가 이웃과 사회의 모든 인간관계의 기본을 배우는 데 기여하므로 도덕성 회복이라는 차원에서도 지속적으로 계승, 유지되어야 한다.

신종추원(愼終追遠)

지난 2014년 12월 29일 〈인성교육진흥법〉이 국회 본회의를 통과하고 이듬해 1월 20일에 공포되었다. 이 법의 입법 목적은 '건전하고 올바른 인성을 갖춘 시민의 육성'에 있었다. 인성교육의 정의는 '내면을 바르고 건전하게 가꾸며 타인·공동체·자연과 더불어 사는데 필요한 인간다운 성품과 역량을 기르는 교육'이다. 이 바탕 위에서 인성의 핵심 가치로 든 것이 '예·효·정직·책임·존중·배려·소통·협동' 등이다. 뒤늦은 감이 있지만 그래도 법이 제정되어 다행스럽다. 그만큼 지금까지 우리나라는 경제 발전에만 힘썼지, 인성교육에는 등한시한 부분이 있었다.

도산서원 선비문화수련원 김병일 이사장은 우리 앞에 놓인 비정상적인 문제들을 해소하는 방법에는 효도문화가 우선이 되어야 함을 주장한다. 다음 글은 2016년 3월 12일 도산서원 방문 시 전해 받은 글이다.

모든 문제를 엉기게 하는 것도 사람이고 푸는 것도 사람이다. 그래서 사람을 기르는 교육이 매우 중요하다. 그러면 어떤 사람으로 교육시켜야 할까? 요즘 부모들이 원하는 공부 잘하는 아이도 필요하지만, 그보다는 반드시 타인과 더불어 살아갈 줄 아는 인성 바른 아이로 키우는 것을 가장 우선순위에 두어야 한다.

인성이 바르게 자란 아이는 남들로부터 사랑과 존경을 받게 되고 가정과 사회, 국가 등 공동체에도 꼭 필요한 사람이 된다.… 그렇다면 인성을 갖춘 아이는 또 어떻게 키울 수 있을까? 태어나서 맨 먼저 만나는 사람인 부모의 은혜에 보답할 줄 아는 효도부터 가르쳐야 한다. 세상에서 자신에게 가장 큰 은혜를 베푼 부모에게 효도를 다하지 못하는 사람은 어떤 사람과도 진정성 있게 함께 살아갈 수 없지 않겠는가.

효도는 또 어떻게 가르쳐야 가장 좋을까? '세 살 버릇 여든까지 간다.'고 하였다. 세 살 때 글을 알겠는가, 말을 알아듣겠는가? 오직 보고 들은 대로 따라 흉내를 낼 뿐이다. 그러니 백 마디 말보다 아이 앞에서 스스로 부모[아이의 조부모]에게 효도를 행하는 모습을 보여주는 것이 가장 확실한 교육방법이다.

부모가 살아 계신다면 부모를 존경하는 행동으로 아이에게 귀감이 될 수 있겠지만 만약 부모님이 돌아가셨다면 어떤 방법으로 아이에게 효를 보여줄 수 있을까? 바로 제사이다. 그 본보기를 〈명심보감〉에서는 다음과 같이 말하고 있다.

'아버지 날 낳으시고 어머니 날 기르시니
애달프고 애달프다. 나의 부모님!
날 낳아 기르시느라 애쓰셨다네.
그 깊은 은혜 갚고자 하여도
하늘처럼 넓고 커서 끝이 없어라.'

유교에서 말하는 오복(五福)이 있다. 중국 오경(五經)의 하나인 『서경』에 나오는 대로 수(壽)·부(富)·강녕(康寧)은 장수, 부귀, 건강을 말한다. 거기에 덕을 좋아하고 행하는 유호덕(攸好德)과 함께 고종명(考終命)이 따른다. 제 명대로 살다가 편안히 눈을 감는 것이다. 생전에 지은 죄가 큰 사람들은 죽은 뒤에도 편히 쉴 곳이 없다.

마지막 자리를 편안하게 한다는 가르침에 따라 동양에서는 부모가 돌아가시면 장례를 삼가서 치르고[愼終], 먼 조상을 추모하여 제사를 정성들여 지냈다[追遠]. 그것을 '신종추원(愼終追遠)'이라 한다. 『논어』에서 공자의 제자 증자는 학문이 깊어 공자의 고제(高弟)로 도를 계승하였고, 그의 가르침은 맹자에게까지 전하여져 동양 오성(五聖)으로 꼽히는 사람이다. '학이(學而)'편에 나오는 말이다.

-증자는 "부모가 돌아가시면 초상(初喪)을 삼가서 치르고, 먼 조상을 추모하면 백성들의 덕(德)이 후한 데로 돌아갈 것이다[愼終追遠 民德歸厚矣]."라고 하였다. '종(終)'은 죽음, '원(遠)'은 먼 선조를 말한다. 현재 자신이 지닌 것은 모두 부모를 비롯한 조상의 은덕이므로 이들에게 정성을 다하는 것은 인간의 기본자세라고 가르친다.

증자는 이십사효(二十四孝)의 한 사람에 들 만큼 효성도 지극하여 『효경』을 지은 사람으로 알려져 있다. 그는 어릴 때 계모 밑에서 구박을 받으며 자랐지만 어머니를 섬기는 효성은 지극하였다. 부모님 상에 올리는 콩잎을 설익혀 먹지 못하게 하였다고 증자는 아내를 내쫓고 평생 혼자 살았다고 할 정도다. 황당하게 여겨져도 증려출처(烝黎出妻)란 고사로 남았다.

다시 제사 이야기로 돌아가면, 제사는 제사의례와 더불어 유교의 기본의례를 이루고 있는 상례(喪禮)에 대비하였을 때 그 특징이 잘 드러난다. "상례는 슬퍼함이 부족하고 예가 넉넉하기 보다는, 예가 부족하더라도 슬퍼함이 넉넉함만 못하고, 제례는 경건함이 부족하고 예가 넉넉하기 보다는, 예가 부족하더라도 경건함이 넉넉함만 못하다. [喪禮 與其哀不足而禮有餘也 不若禮不足而哀有餘也 祭禮 與其敬不足而禮有餘也 不若禮不足而敬有餘也]."『예기』「단궁상」

어떠한 예도 형식적 표현보다 중요한 것이 예의 본질을 아는 것이다. 상례의 본질은 '슬퍼함[哀]'에 있으며, 제례의 본질은 '경건함[敬]'에 있다. 그러므로 제사를 지내는 사람들은 먼저 재계를 통하여 몸과 마음을 준비한다. 재계는 산만한 나의 마음을 가지런하게 함으로써 신에게 마음을 집중하여 정성스럽고 경건함을 갖추는 것이다. 즉, 재계는 제사를 드리기 위하여 제관(祭官)이 갖추어야 할 마음의 준비다.

재계가 정성스럽게 이루어지면 신의 모습이 눈에 보이고 목소리가 귀에 들리는 상태에 이르게 된다. 이로써 비로소 신과의 만남이 이루어지는 것이다.

이율곡은 "사람이 죽은 '귀(鬼)'는 있다고도 할 수 없고 없다고도 할 수 없으니, 그 까닭이 무엇인가? 정성이 있으면 그 '신(神)'이 있다고 할 수 있으며, 정성이 없으면 그 '신'이 없으니 없다고 할 수도 있다. 있고 없는 계기가 어찌 사람에게 달려 있다고 하지 않을 수 있겠는가?"라고 하였으니, 사람 마음속에 정성이 있는지의 여부에 따라 '신'의 존재 여부가 달려 있다고 보았다. 죽은 사람의 '귀·신'이 있다는 것은 살아 있는 사람의 정성스러운 마음에 투영되어 나타나는 것일 뿐이라고 보는 것이다. 정성과 공경이야말로 제사의 기본 정신으로, 그 대상인 조상에게 그 마음을 이르게 하는 힘인 것이다. 이율곡은 제자들을 가르칠 때 "삼천 가지 죄목 중에 불효가 가장 크다"라고 하였다.

효자로 소문난 증자는 불효를 크게 다섯 가지로 나누었다.

'첫째는 부모를 봉양하는 자식은 쓸데없는 곳, 올바르지 못한 곳에 함부로 출입하여 스스로 자신의 품격을 떨어뜨리는 행동을 삼가야 한다. 둘째는 국가에 불충(不忠)하는 것은 곧 부모에게 불효(不孝)하는 것과 마찬가지다. 셋째는 공직에 있으면서 자신의 본분을 망각하고 올바르지 못한 처사를 하는 것, 넷째는 친구 간에 신의를 저버리고 지키지 않는 것, 다섯째는 전쟁터에 나가서 비겁한 행동을 하면 불효가 된다.'고 하였다.

증자는 다시 말한다. "열 눈이 나를 지켜보고, 열 손가락이 나를 가리킨다[十目所視 十手所指]." 이는 주위의 모든 사람들이 자신을 지켜보고 있으니 행동을 조심하라는 뜻이다. 증자의 이 말에서 '십목소시(十目所視)'라는 성어(成語)가 나왔다. 여러 사람이 다 같이 보고 있기 때문에 세상의 눈을 아주 속일 수는 없음을 비유하여 이르는 말이다. 그래서 옛날부터 선비들은 '홀로 있을 때에도 도리에 어그러짐이 없도록 삼감'을 뜻하는 '신독(愼獨)'을 중시하였다.

'증자살체(曾子殺彘)'라는 고사가 있다.

어느 날 증자의 아내가 시장에 나가려고 하니까 아이가 뒤따라오면서 울었다. 그러자 아내는 "자, 빨리 집에 들어가 있어라. 시장에 갔다 오면 돼지를 잡아 맛있는 요리를 하여 줄 테니" 하고 타이른 후 나갔다.

아내가 시장에서 돌아오니 증자가 진짜 돼지를 잡고 있었다. 아내는 깜짝 놀라 "나는 아이에게 농담으로 한 말이었어요"라고 하였다. 그러자 증자는 그의 아내에게 "아이들에게 그런 농담을 하여서는 안 되오. 부모한테서 여러 가지를 배우려고 하고 있는 아이들에게 거짓말을 하면 그 아이들이 거짓말하는 법을 배우게 되지 않소. 당신이 한 말이 거짓말인 줄 알면 어머니인 당신을 아이들도 믿지 않으려고 할 거요" 하고는 아이와 약속한 대로 돼지를 잡아 구워 먹었다고 한다.

중국 춘추시대에 미생(尾生)이란 자가 다리 밑에서 만나자고 한 여자와의 약속을 지키기 위하여 홍수에도 피하지 않고 다리 밑에서 기다리다가 마침내 익사하였다는 고사성어 '미생지신(尾生之信)'의 일화도 있다. 증자가 약속을 지키고, 미생이 약속을 지키는 것은, 그 약속을 지키지 않으면 그 상대자에게 신의를 잃음은 물론이요 다음 세대에도 거짓이 드러나 본보기가 될 수 없다. 그러면 이 사회에 정의가 서지 않는다. 후손들이 무엇을 보고 배워 좋게 따라 할 수 있겠는가.

증자가 어렸을 때의 일이다. 노나라 사람 가운데 증삼(증자의 이름)과 이름이 같은 어떤 자가 살인을 하였다. 한 아이가 증삼의 어머니에게 달려와 증삼이 사람을 죽였다고 말하였다. 그렇지만 어머니는 아들이 이름난 효자인 줄 잘 알고 있기 때문에 그럴 리가 없다고 굳게 믿고 아무런 동요 없이 베를 짜고 있었다. 그러자 다른 아이가 또 와서 증삼이 살인을 하였다고 알렸다. 그래도 어머니는 역시 태연하게 베를 짜고 있었다.

조금 후 또 다른 아이가 와서 증삼의 살인 소식을 전하였다. 그제야 그의 어머니는 정말인 줄 알고 겁이 덜컥 나서 베 짜던 북[杼·저]을 내던지고 부리나케 달려가 보았다. 알고 보니 동명이인(同名異人)의 아이가 한 짓이었다. 여기에서 '투저(投杼)'와 '증삼살인(曾參殺人)'이라는 고사성어가 생겼다.-

천하제일의 효자를 두었으며, 또한 천하제일의 현모(賢母)였던 증삼의 어머니도 별 수 없이 속아 넘어갔던 것이다. 거짓말도 자꾸 듣게 되면 참말로 생각할 수도 있다. '눈으로 직접 본 일도 오히려 다 진실이 아닐 수 있거늘, 하물며 등 뒤의 말이야 어찌 족히 깊이 믿겠는가.' 〈명심보감〉에서 지적한 말도 옳지만 자기 자식을 걸고 들어오는 거짓말에야 어느 어머니인들 안 넘어갈 재간이 있겠는가.

'초년고생은 사서라도 한다'는 속담이 있다. 장래 발전을 위하여서는 중요한 경험이 되므로 젊은 시절 고생을 달게 여기라는 말이다. 1900년 중국 돈황(敦煌)의 막고굴(莫高窟)에서 발견된 '돈황문헌(敦煌文獻)'에 이런 구절이 있다고 한다. '전하여 내려오는 경문에 이르기를, 부모가 자식을 낳아 돌보고 기르는 것이 천신만고(千辛萬苦)이니 추위도, 애가 우는 소리도 결코 꺼리지 않는다.' 부모가 자식을 낳아 양육하는 것이 이처럼 온갖 고생인데 수고로움을 마다않으니 은혜가 그만큼 크다는 것을 일깨운 글이다. 그러니 부모 제사를 어이 정성스럽게 지내지 않을 수 있겠는가.

일제 치하인 1917년경, 강원도 산골 화전민들만이 살던 오지(奧地)에 폭설이 내려 그 이듬해 봄까지 교통이 완전히 두절된 적이 있었다. 그때 상당수의 화전민이 폭설에 갇힌 채 고립되어 굶어 죽는 불상사가 발생하였다. 당시 조선총독부에서 그 실태를 조사한 보고서가 있었다. 거기에는 이런 내용이 실려 있다고 한다.

어느 외딴집에서 네댓 명의 가족이 굶주리다가 고스란히 죽었는데, 그 집 천장을 보니 종이봉지 하나가 매달려 있더라는 것이다. 그것을 걷어내려 열어 보니 속에는 하얀 쌀이 두 되가량 있었다. 굶어서 죽게 된 사람들이 이것이라도 마저 끓여 먹을

것이지 이렇게 남겨 놓은 까닭이 무엇인가 하고 알아보았더니,
그것은 다름이 아닌 부모 제삿날에 메 지어 올릴 쌀이었다고
한다.

효는 인간이 지녀야 할 도덕적 판단의 마지막 기준이며, 윤리 질
서의 보편적 원리이다. 전통적으로 우리나라는 부모에 대한 보은과
가족의 질서, 또한 윤리 체계 확립 등 마음에서 우러나오는 효행이
사회적으로 장려되었다.

보본반시(報本反始)

제사의 목적은 "시원(始原)으로 되돌아가는 것"에 있다. 『예기』에
의하면 제사를 통해 참여자들이 만나는 것이 '시원(始原)'이다.

천하의 예는 사물의 시초를 되돌아보게 하고 귀신과 통하게 하
고 친화와 재물의 이용을 증대시키고 도의를 크게 흥하게 하고
겸양의 미풍을 조장하는 것이다.
시초를 돌아본다면 사물의 기본이 존중될 것이고, 귀신에게 통
하게 되면 그 마음은 모두 손위를 존경할 것이며, 친화가 증대
되어 재물의 이용이 증대되면 서민의 생활기강이 확립될 것이
고, 도의가 크게 흥하면 상하의 충돌이 생기지 않으며, 겸양의
미풍이 왕성하면 투쟁은 사라질 것이니, 이 다섯 가지의 일을
종합하여 천하를 다스리는 예로 삼는다면 비록 기이하고 사악
하여 다스리지 못할 자가 있더라도 그것은 미미할 것이다.

제례의 기본정신이 보본반시(報本反始)에 있음을 말해준다. 시원으로 되돌리고 근본에 보답하는 것은 옛날 조상님들의 은덕에 보답하는 것이다. 우리는 부모와 조상들로 말미암아 태어난 바이기 때문이다. 이것은 곧 예(禮)의 기능이기도 하다. 예(禮)는 현재의 나로 하여금 되돌아보게 하는 것이고, 되돌아보는 나의 시선이 머무는 곳은 내가 말미암은 곳이다.

> 군자가 옛날과 시원을 되돌아보는 것은 자신의 태어난 근원을 잊지 않는 것이다. 이 때문에 그 공경을 다하고 그 정(情)을 발하며, 힘을 다하여 제사를 지내어 부모에게 보답함으로써 감히 다하지 않음이 없게 하는 것이다. 『예기』 「제의」

시원에 되돌아가는 것은 자신을 낳아준 부모에게 되돌아가는 것이다. 지금 존재하는 나는 부모로부터 나왔다. 나를 낳으시고 길러주신 부모에 대한 제사는 은혜에 대한 보답이다. 그러므로 도덕성이나 사회적 공로 등이 제사의 조건으로 제시되는 것이 아니다. 조상과 후손, 부모와 자식의 관계는 공덕으로 형성되는 것이 아니라 '존재의 연속성'에 기인한다.

음복(飮福)과 분준(分餕) : 복을 받고 함께 나누기

제사 시 '음복(飮福)'의 절차는 신이 내리는 복을 받는 것을 형상화한 것이고, '분준(分餕)'은 제주를 비롯한 모든 제사 참여자들이 신의 강복을 받은 제물을 나누어 먹는 것이다. 즉, 신이 흠향하고 강복한 제물을 제관이 받는 수조(受胙)의 절차이다. 인간은 제물에 정성을 담아 신에게 드리고 신은 제물에서 정성을 받아들인 다음 다시 제물에 복을 담아 인간에게 돌려주는 것임을 의미한다.

다음은 제사를 지내는 자세와 제물을 올리는 모습을 그린 시들로 첫째 시는 무왕이 아버지 문왕을 제사 지낼 때 부르던 노래이며, 두 번째 시는 제사를 지낸 다음 술을 마시며 부르던 노래이다.

다가올 땐 온화한 모습을 해도 사당에 다다를 땐 엄숙하여라
제사를 돕는 이는 제후들이니 천자는 근엄하게 있어야하리
큰 짐승을 제물로 올려놓고서 이 몸을 도와서 제사 받드네
거룩하신 부왕의 혼령이시여 이 아들을 편안하게 살펴주소서
밝고도 지혜로운 인품이셨고 문무를 겸비하신 왕이셨으니
순조롭게 하늘로 올라가셔서 후손들을 창성토록 인도하시고
우리를 장수토록 하여주시며 큰 복을 누리도록 내려주소서
공이 많은 아버님께 제물 권하고 문덕 높은 어머님께 제물 올리네.

제복을 깨끗이 차려입고서 머리에 단정하게 관을 쓰고서
마루에서 내려와 마당에 나가 제물인 양과 소를 살펴본 다음
큰 가마 작은 솥을 둘러보셨지 뿔로 만든 구부정한 술잔에다가
맛 좋고 부드러운 술을 따라서마음을 가다듬어 권해 올리니 무병장수 아름다운 복을 받겠네. 『시경』「주송」

그렇다면 정말 제사를 지내면 복을 받을 수 있는 것일까? 그리고 그 복은 무엇을 의미하는 것일까?

『禮記』「祭統」편에서는 다음과 같이 말하고 있다.

현자(賢者)가 제사를 지내면 반드시 그 보답으로 복을 받지만 그 복은 세상에서 말하고 있는 복이 아니다. 복이라는 것은 갖추는 것[備]이다. 갖추는 것은 모든 것이 순조로운 것[順]을 말하는 것이다. 순조롭지 않은 것이 없는 것을 갖추어졌다[備]라고 말한다. 현자는 안으로는 자기의 성의를 다하고 밖으로는 도리에 순응하는 것이다. 충신은 그것으로써 임금을 섬기고 효자는 그것으로써 어버이를 섬기는데 그 근본은 하나이다. 위로는 귀신에게 순종하고 밖으로는 임금과 어른에게 순종하며 안으로는 부모에게 효도하는 것이니 이와 같으면 모든 것이 갖추어졌다고 한다. 오직 현자라야 모든 것을 갖출 수가 있고, 모든 것을 갖춘 뒤에야 비로소 제사를 지낼 수가 있다. 이런 까닭에 현자가 제사 지낼 때에는 정성[誠]과 믿음[信]을 다하고 충성[忠]과 공경[敬]을 다하여 제물로써 받들고 예로써 진행하고 음악으로써 편안하게 위로 하고 때맞추어 참여하여 정결하게 제수를 올릴 뿐이요, 자기에게 복이 되는 것을 구하지 않으니 이것이 효자의 마음이다.

賢者之祭也 必受其福 非世所謂福也.

福者 備也 備者 百順之名也.

無所不順者之謂備 言內盡於己而外順於道也.

忠臣 以事其君 孝子 以事其親 其本 一也.

上則順於鬼神 外則順於君長 內則以孝於親

如此之謂備. 唯賢者能備 能備然後能祭.

是故 賢者之祭也 致其誠信 與其忠敬

奉之以物 道之以禮 安之以樂 參之以時

明薦之而已矣. 不求其爲 此 孝子之心也.

이 글을 통해 보자면 제사를 지내면 복을 받는다는 것은 물질적 혜택이나 개인의 장수를 누린다는 것이 아니다. 복이라는 것은 갖추는 것[備] 즉, 수신(修身)이라 해석함으로써 모든 일들이 도리에 부합하며, 순조로운 것을 의미하는 것이다.

자신의 내면적인 성의를 다함으로써, 밖으로 만사가 순조롭게 이루어질 수 있다는 것이다. 부모와 군왕 내지 친족의 질서와 사회적 질서에 순응하며 위로 귀신에 순응하는 것이 갖추는 것이니 제사는 외적인 보응을 받기 위한 도구적 행동 양식이 아니라 그 자체로서 '완결된 구조'를 갖추고 있다. 이것이 복이라면, 복은 결코 밖으로부터 어떤 것을 얻으려는 것이 아니라 자신의 인격적 완성을 실현하고 사회적 규범을 실현하는 도덕적 완성을 추구하는 것이라 할 수 있다.

제사를 통해 만사의 순조로움을 기원하기 위해서는 내면적인 성실과 믿음, 충실과 공경의 마음을 다하여야 한다. 진실한 마음을 다하는 사람은 제사를 통해 자신의 복을 구하지 않고 정성만을 다할 뿐이다. 그러므로 '성신충경(誠信忠敬)'의 네 가지는 제례의 근본정신이 된다. 제례는 제사를 지내는 사람의 조상에 대한 공경하는 마음에서 이루어지는 것이지, 실제로 귀신이 있어서 제물을 흠향하기 때문에 지내는 것은 아니다.

『예기』에서는 '제사불기(祭祀不祈)'라 했다. 제사는 조상의 고마움에 대해서 보답하는 마음으로 드리는 것으로 자기 개인의 복(福)을 빌기 위해 지내서는 안 된다고 했다. 따라서 조상에 대해 지내는 제사는 '추원보본(追遠報本)' 즉, 먼 조상을 추모하고 나의 근본인 조상에 대해 보답하는 정신에 있다고 할 수 있다.

제사의 순기능(順機能)

우리나라는 60년 전까지만 하여도 농경시대의 끝자락에서 대가족이 한집에 살며 3대(代)가 함께 식사를 하는 경우가 많았다. 그래서 소위 '밥상머리 교육'이라는 말도 생겼다. 어린 자녀들의 인성교육이나 예절교육은 주로 식사 시간에 많이 이루어졌기 때문이다.

현대에 와선 다양한 생활패턴으로 온 가족이 모여 도란도란 이야기를 나누며 식사하는 경우는 매우 드물다. 우선 시간대를 맞추기가 어렵고 그나마 집에 있는 시간도 많지 않다. 또 학교나 가정에서 예의범절을 말로 가르치기가 쉽지 않다. 시간도 없고 입학시험에 나오지 않으니 중요도에서도 뒤로 밀린다. 그만큼 이 사회가 실용주의의 환경으로 변해가고 있다.

그런 연유에서 효도문화와 예절교육, 어르신을 공경하는 태도나 정성을 다하여 제사를 지내는 일 등은 모두 부모나 어른들이 하는 대로 보고 배워서 따라 하는 것이다. 부모가 자식들에게 효도를 하라고 가르치기 전에 먼저 조부모에게 효도를 하면 자식은 그것을 눈으로 직접 보고 익혀서 자연스럽게 따라 하게 된다. 이것이 이른바 '실사구시(實事求是)'이며, 노자(老子)가 도덕경(道德經)에서 말한 '말하지 않고 가르침을 행하는 것[行不言之敎]'이다.

제사도 이와 마찬가지로 기일(忌日)을 잊지 않고 말없이 정성껏 잘 지내면 자녀들이 그것을 본받아 나중에 성장해서 시키지 않아도 스스로 실천하게 된다. 기성세대도 그렇게 하지 않았던가. 우리 사회의 제사문화는 수천 년 동안 이런 과정을 거쳐 계승 발전되어 왔다. 이것이 제사의 순기능(順機能)이다.

『예기』에 보면, 제사의 주기(週期)라든가, 제사상에 올리는 음식

[祭需·제수]에 대한 언급이 있다. 2500년 전에 이미 오늘날의 고민을 풀어줄 해결책을 내놓은 듯 하니 그때나 지금이나 인간사의 내면 본질은 같은 것 같다.

『예기』「제의」편에 나오는 제사의 주기를 살펴보자.

"제사는 자주 지내려고 해서는 안 된다. 자주 지내면 번거로워지고 번거로우면 공경하지 않게 된다[祭不欲數 數則煩 煩則不敬]." 다시 이르기를 "제사는 드문드문 지내려 해서도 안 된다. 드문드문 지내게 되면 태만해지고, 태만해지면 잊어버리게 된다[祭不欲疏 疏則怠 怠則忘]."고 하였다.

「예기(禮器)」편에는 제사상의 음식에 관한 것도 있다. "산에 살면서 강이나 바다에서 나는 물건을 예물로 사용한다든지, 물가[늪지대]에 살면서 산에서 나는 물건을 예물로 사용하면 군자는 이것을 일러 예(禮)을 모르는 것이라고 한다[居山 以魚龜爲禮, 居澤 以鹿豕爲禮, 君子 謂之不知禮]."

환언하면, 무리하지 말고 각자의 형편에 맞추어 제사상을 진설(陳設)하고 무엇보다 정성을 다하는 것이 중요하다는 가르침이다. 이 어찌 따르지 않을 수 있을까.

거듭 말하지만 제사는 그리운 사람들을 만날 수 있는 좋은 기회이다. 특히 오늘날은 가족들이 멀리 흩어져서 살고 있는 경우가 허다하다. 외국에 나가 있는 경우도 많이 있다. 그러기에 한자리에서 오붓하게 다 같이 만나고 싶지만, 날짜를 맞추기도 쉽지 않다. 이러할 때는 1년에 한 번이라도 모두가 만날 수 있는 날을 정하는데, 가장 좋은 날이 바로 제삿날이다.

제사는 자손들이 많이 참여하는 것이 중요하므로 제삿날은 다 함께 모이기 좋은 날짜로 정하면 좋을 것이다. 제사를 지내는 시간 역시 무리하지 않고 참여할 수 있는 시간대가 좋을 것이다. 그렇게 되면 제삿날은 그야말로 그리운 사람들이 한자리에 많이 모일 수 있는 축제의 날이 될 수 있다.

주기란, 통상 태양력으로 1년(365일, 또는 366일)을 단위로 하며 생일, 결혼기념일, 창립기념일, 준공기념일 등의 역사적인 의미를 지닌 날을 기억하는 행사를 할 때 '제00회 기념, 제00주년 기념' 등으로 이름을 붙인다. 조상제사도 마찬가지이다. 조상제사는 조상이 돌아가신 날을 잊지 않고 해마다 모여서 추모하는 행사이다. 때에 따라서는 '제00주기 추도식' 등으로 명명(命名)하기도 한다.

우리나라에 태양력이 도입된 것은 지금으로부터 120여 년 전이다. 조선시대 말기의 고종 33년, 1896년 1월1일부터 태음력과 함께 사용하여 오고 있다. 태양력이 도입되기 전에는 제사를 비롯한 모든 기념행사는 태음력을 이용할 수밖에 없었으며, 아직도 많은 가정에서 태음력을 사용하는 경우를 흔히 볼 수 있다. 태음력의 1년은 354일, 또는 355일이다. 그래서 2~3년에 한 달(29일 또는 30일)씩 윤달을 두어 태양력과 거의 맞추게 된다. 태음력의 평년(平年)의 1년은 354일 또는 355일이 되고, 윤달이 든 해는 383일 또는 384일이 된다. 위에서 1년 주기를 태양력의 365일 또는 366일이라 하였는데, 태음력을 기준으로 하면 11일이 빠르기도 하고 19일이 늦어지기도 하여서 정확히 1년 주기라 할 수가 없다.

아래 표1은 서기 1900년부터 2101년까지 201년간 연도별 태음력 윤달 상황표이다. 표를 통하여 태음력의 윤달이 드는 횟수와 주기를 알 수 있다.

西紀 1900年부터 200年間 年度別 太陰曆 閏月 狀況表							
年度	閏月	年度	閏月	年度	閏月	年度	閏月
1900년	8월	1952년	5월	2004년	2월	2055년	6월
1903년	5월	1955년	3월	2006년	7월	2058년	4월
1906년	4월	1957년	8월	2009년	5월	2061년	3월
1909년	2월	1960년	6월	2012년	3월	2063년	7월
1911년	6월	1963년	4월	2014년	9월	2066년	5월
1914년	5월	1966년	3월	2017년	5월	2069년	4월
1917년	2월	1968년	7월	2020년	4월	2071년	8월
1919년	7월	1971년	5월	2023년	2월	2074년	6월
1922년	5월	1974년	4월	2025년	6월	2077년	4월
1925년	4월	1976년	8월	2028년	5월	2080년	3월
1928년	2월	1979년	6월	2031년	3월	2082년	7월
1930년	6월	1982년	4월	2033년	11월	2085년	5월
1933년	5월	1984년	10월	2036년	6월	2088년	4월
1936년	3월	1987년	6월	2039년	5월	2090년	8월
1938년	7월	1990년	5월	2042년	2월	2093년	6월
1941년	6월	1993년	3월	2044년	7월	2096년	4월
1944년	4월	1995년	8월	2047년	5월	2099년	3월
1947년	2월	1998년	5월	2050년	3월	2101년	7월
1949년	7월	2001년	4월	2052년	8월		

〈表 1〉

태음력 윤달에 돌아가신 분이 있을 경우에 태음력으로 제사를 지내려고 하면 심각한 문제에 봉착하게 된다. 표1에서 서기 1900년부터 2101년까지 201년간의 태음력 윤달을 분석하여 보니 같은 윤달이 가장 빨리 돌아오는 경우가 8년이고 11년, 19년, 27년, 38년, 57년 등 불규칙하게 돌아온다는 사실을 알 수 있다. 심지어 1984년 윤10월은 2101년까지 117년 동안 돌아오지 않고, 2014년 윤9월과 2033년 윤11월도 2101년까지 돌아오지 않는다. 따라서 태음력을 고집하면 제사를 지내지 못하게 되는 경우가 발생할 수 있다. 그래서 이런 때는 편법으로 태음력 평달의 해당 날짜에 제사를 지내기도 하는데, 이야말로 '눈 가리고 아웅'식의 편법일 뿐이고 완전하지는 못하다.

아래 표2는 1998년 태음력 윤5월10일[태양력 7월3일]의 연도별 윤5월10일과 평월 5월10일의 태양력 연도별 날짜의 실례(實例)이다.

太陰曆 5월 10일의 太陽曆 年度別 날짜의 實例					
年度	날짜	年度	날짜	年度	날짜
閏1998년	7월 03일	2019년	6월 12일	2040년	6월 19일
1999년	6월 23일	2020년	6월 30일	2041년	6월 08일
2000년	6월 11일	2021년	6월 19일	2042년	6월 27일
2001년	6월 30일	2022년	6월 08일	2043년	6월 16일
2002년	6월 13일	2023년	6월 27일	2044년	6월 05일
2003년	6월 09일	2024년	6월 15일	2045년	6월 24일
2004년	6월 27일	2025년	6월 05일	2046년	6월 14일
2005년	6월 16일	2026년	6월 24일	閏2047년	7월 02일
2006년	6월 05일	2027년	6월 14일	2048년	6월 20일

2007년	6월 24일	閏2028년	7월 02일	2049년	6월 09일
2008년	6월 13일	2029년	6월 21일	2050년	6월 28일
閏2009년	7월 02일	2030년	6월 10일	2051년	6월 18일
2010년	6월 21일	2031년	6월 29일	2052년	6월 06일
2011년	6월 11일	2032년	6월 17일	2053년	6월 25일
2012년	6월 29일	2033년	6월 06일	2054년	6월 15일
2013년	6월 18일	2034년	6월 25일	2055년	6월 04일
2014년	6월 07일	2035년	6월 15일	2056년	6월 22일
2015년	6월 25일	2036년	6월 04일	2057년	6월 11일
2016년	6월 14일	2037년	6월 23일	2058년	6월 30일
閏2017년	7월 03일	2038년	6월 12일	2059년	6월 19일
2018년	6월 23일	閏2039년	7월 01일	2060년	6월 08일

〈표 2〉

〈표2〉는 윤달이 가장 많이 드는 윤5월에 돌아가신 분의 경우를 가정하여 윤달과 평달의 해당 날짜에 제사를 지낸다고 하였을 때 태양력의 해당 날짜를 분석한 것이다. 1998년 7월3일[태음력 윤5월10일]에 돌아가신 분의 기일을 살펴보면 윤달이 드는 해는 거의 태양력으로 7월3일이거나 하루, 이틀밖에 차이가 나지 않는다. 그러나 평달인 경우는 29일, 즉 한 달씩이나 빨리 제사를 지내게 되는 일이 발생한다.

아래 〈표3〉은 2021년 7월23일[태음력 6월14일]에 돌아가신 분의 경우를 가정하여본 기일의 태양력과 태음력의 날짜 변화표이다.

年度別 太陽曆 7월 23일의 요일		太陰曆 6월 14일의 太陽曆 날짜와 요일		太陽曆 7월 23일 直前의 週末 (토요일)	
2021년	금	7월 23일	금	7월 17일	3RD 토
2022년	토	7월 12일	화	7월 23일	4TH 토
2023년	일	7월 31일	월	7월 22일	4TH 토
2024년	화	7월 19일	금	7월 20일	3RD 토
2025년	수	7월 08일	화	7월 19일	3RD 토
2026년	목	7월 27일	월	7월 18일	3RD 토
2027년	금	7월 17일	토	7월 17일	3RD 토
2028년	일	8월 04일	금	7월 22일	4TH 토
2029년	월	7월 25일	수	7월 21일	3RD 토
2030년	화	7월 14일	일	7월 20일	3RD 토
2031년	수	8월 01일	금	7월 19일	3RD 토
2032년	금	7월 20일	화	7월 17일	3RD 토
2033년	토	7월 10일	일	7월 23일	4TH 토
2034년	일	7월 29일	토	7월 22일	4TH 토
2035년	월	7월 18일	수	7월 21일	3RD 토
2036년	수	8월 05일	화	7월 19일	3RD 토
2037년	목	7월 26일	일	7월 18일	3RD 토
2038년	금	7월 15일	목	7월 17일	3RD 토
2039년	토	8월 03일	수	7월 23일	4TH 토
2040년	월	7월 22일	일	7월 21일	3RD 토
2041년	화	7월 11일	목	7월 20일	3RD 토
2042년	수	7월 30일	수	7월 19일	3RD 토
2043년	목	7월 20일	월	7월 18일	3RD 토
2044년	토	7월 08일	금	7월 23일	4TH 토
2045년	일	7월 27일	목	7월 22일	4TH 토
2046년	월	7월 17일	화	7월 21일	3RD 토
2047년	화	8월 05일	월	7월 20일	3RD 토
2048년	목	7월 24일	금	7월 18일	3RD 토
2049년	금	7월 13일	화	7월 17일	3RD 토
2050년	토	8월 01일	월	7월 23일	4TH 토

2051년	일	7월 21일	금	7월 22일	4TH 토
2052년	화	7월 10일	수	7월 20일	3RD 토
2053년	수	7월 29일	화	7월 19일	3RD 토
2054년	목	7월 18일	토	7월 18일	3RD 토
2055년	금	7월 08일	목	7월 17일	3RD 토
2056년	일	7월 26일	수	7월 22일	4TH 토
2057년	월	7월 15일	일	7월 21일	3RD 토
2058년	화	8월 03일	토	7월 20일	3RD 토
2059년	수	7월 23일	수	7월 19일	3RD 토
2060년	금	7월 11일	일	7월 17일	3RD 토

〈表 3〉

　요즘 바쁘게 살아가는 현대인들은 자기 자신과 관계있는 기념행사는 대부분 태양력을 기준으로 한다. 태양력에는 주말이라는 개념이 있기 때문이다. 특히 생일이나 결혼기념일 등의 경우는, 기념일의 해당 날짜가 평일일 때는 직전 주말이나 휴일을 택하여 행사를 치른다. 그렇게 하면 축하객이나 참여 인원도 많아지고 직장인들은 짧은 여행이라도 다녀올 수가 있다. 제사도 이와 마찬가지이다. 태양력을 기준으로 하여 제삿날 직전 주말에 지내게 되면 날짜 차이도 별로 나지 않게 된다.

　태양력이 도입된 지 127년이나 지났지만 우리 조상들은 주로 태음력을 사용한 까닭에 대부분의 기념일은 태음력으로 기억하고 행사를 가져 왔다. 더구나 조상제사는 당연히 태음력을 고수하고, 태양력으로 바꾸겠다는 생각은 꿈속에서도 하지 않았을 것이다.

　미상불 제사의 본래 의미와 바쁘게 살아가는 현대인의 일상을 고려할 때 제사 날짜를 태양력을 기준으로 하고 기일(忌日)의 직전 주말을 택하는 것이 좋은 방안이 되리라 생각된다.

현재 이러한 형태를 취하는 국가적인 제례가 있으니, 바로 '종묘제례(宗廟祭禮)'이다. 종묘제례는 우리나라에서 현재까지 전승과 보존이 가장 잘된 조선시대의 국가제례를 말한다. 종묘는 조선시대 역대의 선왕(先王)과 선왕비(先王妃)의 신주를 봉안하여 효성과 공경을 갖추는 사당이다.

한자로 '宗廟'의 '宗'은 'ㄱㄱ'과 '示'를 엮어 만든 글자로, '신을 모신 집'이라는 뜻이 담겨 있다. '廟'는 'ㄱ'과 '朝'를 합하여 만든 글자로, '아침에 알현하기 위하여 모이는 집'이라는 뜻이다. 이 글자들이 합쳐진 종묘란, 신(神)의 뜻을 받들어 모시는 사당이라 할 수 있다.

우리나라에서 종묘제례는 조선시대는 물론 고려시대와 삼국시대에도 가장 중요시한 국가적인 제사였다. 인간을 대상으로 하는 제사로, 이보다 더 높은 격식을 갖춘 것은 없었다. 종묘제례는 1975년 5월 3일 중요무형문화재 제56호로 지정되었으며, 2001년 5월 18일 종묘제례악과 함께 유네스코 '인류 구전 및 무형유산 걸작'으로 선정되어 세계무형유산으로 지정되었다. 해방 이후에는 한국전쟁 등으로 종묘제례가 잠시 폐지되었다가 1969년부터 전주이씨 종친회의 노력으로 매년 태양력 5월 첫째 주 일요일 낮 1시에 영녕전 제향을, 16시에 정전 제향을 봉행하고 있다.

공자도 『논어』「위정」편에서 "살아 계실 때는 섬기기를 예(禮)로써 하고, 돌아가시면 장례를 예로써 하고, 제사 지내기를 예로써 하는 것이다."고 하였다. 「안연」편에선 "예가 아니면 보지 말며, 예가 아니면 듣지 말며, 예가 아니면 말하지 말며, 예가 아니면 움직이지 말라"고 하였다. 이렇듯 예를 모르면 아무리 뛰어난 외모와 지략을 갖추었더라도 '사람 취급'을 못 받는 법이다.

제삿날은 언제인가?

가정마다 제사를 지내는 적절한 '날'을 택하고 나면 제사 시간도 정하여야 한다. 제사를 지내는 '시간' 또한 모두가 참여할 수 있는 시간대로 하는 것이 좋을 것이다. 퇴계 선생의 16대 종손 이근필 옹은 2016년 3월12일 안동 퇴계 선생 종가에서의 대담에서, 제사에 대하여 "선친제사 시작 시간은 저녁 6시 정각이고, 제사상에 올리는 음식도 제사에 참여한 가족들이 평상시 한 끼 식사가 될 만큼의 양(量)으로 간소하게 준비한다."고 하였다.

제사 지내는 시간을 예전처럼 새벽 1시에 지내게 되면 전날 저녁부터 가족이나 친지들이 와서 잠을 자지 않고 기다려야 한다. 그리고 제사를 마친 뒤 식사를 하고 각자 집으로 돌아가게 되면 졸음운전 등으로 사고가 발생할 수도 있으며, 직장 출근이나 등교에도 지장이 많다는 것이다. 종손의 그 말에서 남을 배려하는 인애(仁愛)의 정신을 엿볼 수 있었다.

그러면 우리 선조들은 언제 제사를 지냈는지, 왜 그 시간에 지냈는지에 관하여 알아보자. 현대에 와선 조상이 돌아가신 날 이른 저녁에 제사를 모시기도 하고 하루 전날 초저녁에 행하기도 하는데, 이는 원래 제삿날이 아니고 제사 시각도 맞지 않다. 실제로 돌아가신 날이 제삿날이 되고 당일 0시가 지난 첫새벽이 제사 시각이다.

조선 세종의 명을 받아 편찬된 〈국조오례의(國朝五禮儀)〉에서는 정확한 제사 시간을 제시하고 있다. 〈조선왕조실록(朝鮮王朝實錄)〉 '세종'편에 보면, 세종 7년 1월14일 영년전에서 춘향(春享)을 섭행 (攝行·남의 일을 대신 행함)할 때에 제사를 지내는 날 축시(丑時) 전 5각에 행사를 시작하는 것으로 기록하고, 그 주(註)에 "축시 전 오

각은 삼경삼점(三更三點)이다. 지내는 것은 축시 1각이다"라고 제
사지내는 시간을 분명하게 알리고 있다. 전통적으로 밤을 5경으로
나누었는데, 1경은 술시(戌時·7~9시), 2경은 해시(亥時·9~11시),
3경은 자시(子時·11~1시), 4경은 축시(丑時·1~3시), 5경은 인시
(寅時·3~5시)가 된다.

경기도 여주시 능서면 왕대리에는 세종대왕과 부인 소헌왕후 심
씨(沈氏)의 합장릉(合葬陵)인 영릉(英陵)이 있다. 이곳에서는 매년
기신제(忌晨祭)를 지낸다. 세종대왕 기신제는 양력 4월8일 낮 12시
에, 소헌왕후 기신제는 양력 4월28일 낮 12시에 행한다. 또 근처에
영릉(寧陵)이 있는데 효종과 부인 인선왕후 장씨(張氏)의 능이다.
효종 기신제는 양력 6월23일 낮 12시에, 인선왕후 기신제는 양력
3월 30일 낮12시에 지내고 있다.

〈가정의례준칙〉에는 고인이 별세한 날 일몰 후 적당한 시간에 제
사를 지내도록 하고 있다. 오늘에 와서는 가족이 각 지역에 흩어져
있어 한밤중에 제사를 지내면 다음 날 출근이나 등교 등이 부담스
럽기 때문에 제사를 지내는 시간도 가족들의 형편에 맞게 변하는
추세다. 그에 따라 생활형태의 변화로 인하여 등장한 것이 '저녁 제
사'이다. 저녁 제사가 등장한 또 하나의 배경은, 살아 계신 마지막
날이 제삿날이라는 잘못된 상식으로 돌아가시기 전날 이른 저녁 시
간에 지내는 경우도 있다. 이러한 현상들은 입제일(入祭日)과 제삿
날의 개념을 고려하지 않아 나타난 현상이다.

입제일은 '제사가 드는 날'이라고 하여 새벽 시간[三更三點]에 제
사를 지내고자 하루 전에 준비하는 날을 가리킨다. 관행적으로는
잠을 자지 않고 기다렸다가 자시가 되면 제사상을 차리다 보니 흡
사 입제일이 제삿날인 것처럼 여기게 된 것이다. 하지만 축문에 "돌

아가신 날이 돌아오느냐"라는 내용도 있고, 제사 지내는 날짜의 간지(干支)를 돌아가신 날의 간지로 쓰는 것만 보아도 제삿날은 돌아가신 날이 맞다. 그러므로 저녁 시간에 기제사를 지내려면 새벽 제사를 준비하는 다음 날 저녁 시간으로 정하여야 한다. 그렇지 않으면 살아 계신 날에 제사를 지내는 오류를 범하게 된다.

제사상에 올리는 음식은 어떠하여야 할까? 당연히 가장 귀하고 깨끗한 것을 사용하고 정결하지 못한 것은 쓰지 않았다. 물고기 중에서 잉어는 용종(龍種)이라 하여 제사에 쓰지 않고 '치'자가 붙은 고기, 즉 멸치·꽁치·갈치·삼치 따위는 제사에 쓰지 않는다고 하며 비늘 없는 고기도 제사상에 올리지 않는다고 하였다. 하지만 이런 것들은 예문(禮文)에는 없는 말이다.

모든 의례에는 대상과 주체가 있다. 유교의 조상 제사에서도 대상과 주체가 있는데, 이를 향사자(享祀者)와 봉사자(奉祀者)라고 한다. 향사자는 제사의 대상 곧 조상을 뜻하고, 봉사자는 제사를 지내는 주체 곧 후손을 말한다. 제찬(祭粲) 준비는 제사를 지내는 주체, 즉 후손들의 가족 공동의 작업으로 남녀가 역할을 분담하여 함께 준비한다.

우리나라의 경우 대개의 제례는 장손이 제사를 모시며 재산 상속 역시 장남에게 집중되었다. 제사를 모시게 되는 장남에게 재산 상속이 우대되며 차남 이하는 균등하게 상속한다. 장남이 차남 이하보다 많은 재산을 받는 만큼 다른 형제들보다 더 나은 권한을 누리지만 제사의 의무 또한 더 많아진다. 이는 장자를 통하여 가문의 맥을 이어가기 위함이다. 조상의 신위가 이 집 저 집 옮겨 다니면 전통이 끊어질 가능성이 높기 때문이기도 하다. 제사 준비는 대부분

장남이 하고 차남 이하의 형제들은 술 등을 준비한다.

우리나라 아들들은 모두 제례의 책임을 지고 있으나 차별적이다. 제례의 일차적인 책임은 장남이, 차남 이하는 이차적이고 보충적인 책임을 진다. 보충적인 책임이란, 장남이 죽었을 때 차남이 장남의 역할을 대신하여야 한다는 것이다. 장남이 자손 없이 죽었으면 장남의 역할을 하여야 하고, 장남이 어린 아들을 남겨놓고 죽었을 경우에는 이 아들이 성장할 때까지 장남의 제사 책임을 대신 진다.

냉수 한 그릇이라도 정성

제사는 사람의 정성이 신에게 도달하는 통행로이다. 우리 속담에 '떡 본 김에 제사 지낸다' '냉수 한 그릇이라도 정성'이라는 말이 있다. 모두 제사상의 음식 준비와 관계있는 말들이다. 제사상에는 반드시 떡이 올라간다. 옛날에는 별미로 중요한 위치를 차지하였으며, 떡은 집에서 만들었으므로 시간적으로도 부담이 되는 부분이었다. 그래서 이미 떡이 있으면 제사 지내는 데에 한시름 던다는 의미인 것 같다. 또 '냉수 한 그릇이라도 정성'이라는 속담은 경제적으로 형편이 여의치 않은 경우에 제사는 정성과 공경하는 마음이 중요하다고 하였으니 형편대로 성심껏 마련하면 된다는 뜻으로 여겨진다.

제사는 그리운 부모와 만나는 자리이다. 그럴 때는 조상신이 흠향을 하든지 하지 않든지 간에 드리고 싶은 정성이 마음속에서 솟아오르는 법이다. 그리워하고 공경하는 마음은 시간과 공간을 초월한다. 부모님의 몸이 살아 계실 때나 그렇지 않을 때나 부모에 대한 마음은 같은 것이다. 따라서 부모가 돌아가신 뒤에도 맛있는 음식을 보면 부모님에게 드리고 싶다. 몸이 안 계신다고 하여서 그런 마음이 솟아나지 않는 것이 아니기 때문이다. 정성은 마음속에서 저절로 우러나오는 아름답고 소중한 것이다. 그러니까 제사상에 음식을 올리는 것도 바로 그 정성이다.

제사 이야기를 하다 보면 조선 선조 때의 스님 휴정대사(休靜大師)를 생각하지 않을 수 없다. 별칭으로 서산대사(西山大師)라고도 하는데, 휴정대사는 아홉 살에 어머니를 여의고 다음 해에 아버지마저 여의고 열다섯 살에 출가하여 고승(高僧)이 되었다. 세수(世壽) 57세에 제문(祭文)을 지어 바치며 제사를 지냈다고 한다. 그 제문이 너무 감동스러워 소개한다.

〈부모 제사하는 글〉
*"병자년 정월 초하루를 지나 열 사흗날 집을 나온 소자(小子),
선·교(禪·敎)의 일을 함께 맡아 하는 사자(賜紫) 도대선사(都大
禪師) 아무개는 묘향산 심원동 상남대의 초암에 병들어 누워
향과 폐백을 갖추고 사람을 보내 삼가 고하나이다. 부모님의
쌍무덤 아래 엎드려 생각하니 구천(九天)은 멀고 구원(九原)은
아득한데 아버님은 어느 곳에 계시며 어머님은 어디에 계시옵
니까? 사람이 누군들 부모가 없겠습니까만 제 부모의 은혜는
다른 사람과 아주 다르며, 누군들 생사(生死)가 없겠습니까만
제 부모의 죽음은 실로 가슴 아픈 일입니다.
지난날을 생각하면 사람들은 그 인자함을 칭송하면서도 그 조
용하고 정숙한 인자함은 알지 못하였고, 사람들은 그 엄격함을
알면서도 그 도덕의 엄격함은 알지 못하였습니다. 인자함은 후*

손들을 어루만지기에 넉넉하였고, 엄격함은 선열(先烈)을 잇기에 충분하였습니다. 어찌하여 세 아들이 머리 땋는 날과 소자가 이를 가는 해에 인자한 어머니께서는 홀연히 난새[鸞鳥]의 날개를 타시고, 엄격한 아버지께서는 이어서 기마(騏馬)의 뒤에 올라타셨나이까?

바람은 오래된 나무[古木]에 슬프고 달은 텅 빈 문을 조문(弔問)하였나이다. 소자가 뜰에서 절을 한들 누가 시를 가르치고 문에서 절을 한들 누가 짜던 베를 끊겠나이까? 아버지를 생각하면 이미 창자가 끊어졌고, 어머니를 생각하면 눈물이 피로 변하나이다. 천하의 그 어떤 슬픔이, 인간 세상의 그 어떤 참담함이 이보다 더 하겠나이까? 아아! 너무나 애달프고 원통합니다. 소자는 외로운 그림자를 쓸쓸히 나부끼면서 이름을 관학(館學)에 두었다가 학문을 그만두고 산에 들어가 머리를 깎고 선·교(禪·敎)의 일을 맡아 대궐에 두 번 조회(朝會)하였사온데, 세월은 흘러 어느새 백발이 성성하였나이다.

두 형은 이미 죽고 한 누이마저 연이어 갔으니 하늘을 불렀으나 하늘은 높아 부르짖을 길이 없고, 땅을 두드렸으나 땅은 두터워 호소할 길이 없었나이다. 오늘에 이르러 은애(恩愛)를 끊는 것이 비록 부처님의 법도라 하지만 먼 조상을 추모하는 것은 또한 유교의 도리입니다. 화서(禾黍·벼와 기장)를 탄식하면서 고향을 생각하면 구름이 슬프고, 송추(松楸·산소에 심는 나무)를 바라보면서 의관(衣冠)을 생각하면 바람 소리 또한 슬픕니다. 아아! 너무나 애달프고 원통합니다.

또 생각하면 소자가 처음 태어났을 때 무릎 아래에 두고 손바닥 위에서 길러주신 아버지의 은혜는 하늘과 같사옵고, 쓴 것은 머금으시고 단 것은 뱉으시는 어머니의 덕은 땅과 같사옵니다. 또 생각하면 어머님이 돌아가시는 아침에 어머니께서는 소자에게 '아가'라고 세 번 부르시고 외마디 소리로 통곡하셨으니 아아! 너무나 애달프고 원통합니다. 또 생각하면 아버님이 돌아가시는 밤에 아버지께서는 소자를 안은 채 베개를 높이 하고 이불 속에서 고요히 가셨으니 아아! 너무나 애달프고 원통합니다.

푸른 등불은 벽에 걸렸으나 어머니의 길쌈하시는 모습을 다시 볼 수 없고, 고향 산의 연기와 달에서는 아버지의 시 짓고 술 마시는 모습을 다시 볼 수 없으니 말소리와 모습이 아득하여 천추에 영원한 이별이옵니다. 그러하오나 저승과 이승은 하나의 이치요 아버지와 자식은 하나의 기운이라 천 리 밖에서 한 번 통곡하고 만 번 절하며 한 번 드리옵니다. 백발의 한 형(兄)이 저를 대신하여 한 번 제사하나이다. 아득한 가운데서도 알음[앎]이 있사옵거든 또한 불쌍히 여겨 살펴주옵소서."

〈祭父母文〉
"維 丙子正月朔越十有三日 行出家小子 兼判禪教事
賜紫 都大禪師 某 病臥妙香山深源洞上南臺草庵
具香幣 遣人欽告于
父母雙墓之下伏以 九天蒼蒼 九原茫茫
父兮何所 母兮何方 人誰無父母 我父母之恩
逈異他人也 人誰無死生 我父母之死 實爲痛心也
追思往日則人稱其慈而不知其幽閒之慈也
人識其嚴而不知其道德之嚴也 慈足以撫後嗣

嚴足以紹先烈 奈何 三子結髮之日 小子齠齔之年

慈母忽乘於鸞翼 嚴父繼騎於騏尾 風悲古木月弔空門

小子 拜庭也誰訓詩 拜門也誰斷織 念父之腸已裂

哭母之淚成血 窮天下之悲 極人世之慘 有甚於此者乎

嗚呼痛哉 小子於是 隻影飄零 名題館學

螢窓事罷 落髮山林 判禪教事 再朝金闕

歲月如流星星白髮尋 而二兄已頹一妹連萎

號天也天高而莫籲 叩地也地厚而莫訴

至於今日 斷恩雖云佛制 追遠亦是儒綱

歎禾黍而思故園則雲容可慘 望松楸而想衣冠則風聲亦悲

嗚呼痛哉 又念 小子初生也 膝下掌上父恩如天

嚥苦吐甘母德如地 又念 我母乘化之朝則

母也爲小子三喚阿只一聲痛哭 嗚呼痛哉

又念 我父乘化之夜則父也抱小子 高枕衾中 泊然而逝

嗚呼痛哉 青燈挂壁也 無復見我母之絲麻 故山烟月也 無復見我父

之詩酒 音容杳漠 永訣千秋 然 幽明一理 父子一氣 千里一慟 萬拜

一獻 白髮一兄 爲我一奠 冥漠有知 尙哀鑑之"

　제문에는 고승의 부모님에 대한 그리움, 살아 계실 적에 미처 다하여 드리지 못한 봉양과 효도의 안타까움이 생생히 드러난다. 대사의 제문에 계속하여서 반복　되는 말이 있으니, '오호통재(嗚呼痛哉)'이다. 돌아가신 부모를 생각하니 가슴이 먹먹하고 슬픔이 가득한 것은 어쩔 수 없는 것이다. 부모가 없는 이가 있을 수 없고, 태어났다면 죽지 않는 이가 어디 있을까만 나의 천륜인 부모를 다른 이가 대신할 수 없고 나의 천륜인 부모의 죽음은 세상에서 그 어떤 죽음보다 마음 아픈 것이 인지상정이다. 부모가 돌아가시면 다섯 가지의 복제(服制) 중 가장 무거운 상복(喪服)인 참최복(斬衰服)을 입는다. 그리고 참최를 입어야 할 가까운 혈족을 '참최친(斬衰親)'이라 한다. 고인(故人)의 아들과 미혼의 딸, 아내, 며느리, 대를 이을 손자, 증손자, 고손자와 그의 아내, 고인이 결혼한 맏아들일 경우는 그의 아버지가 이에 해당한다. 참최는 거친 베로 짓고, 아랫단을 꿰매지 않는다.

유교에서는 내세와 현세를 따로 분리하지 않고 물아일체(物我一體)로 여긴다. 불교에서도 무시무종(無始無終)으로 본다. 시작도 없고 끝도 없다는 뜻이다. 이러한 생각은 마음의 차원으로 보더라도 차이가 없다. 한마음을 회복하여 한마음으로 사는 사람은 몸이 아무리 죽어도 변하지 않는다. 이 몸이 죽고 죽어 일백 번 고쳐 죽더라도 마음은 변함이 없기에 삶과 죽음의 차이가 있을 수 없고, 현세와 내세의 구별이 있을 수 없다.

유교에서 말하는 '인(仁)'은 모든 것을 하나로 여기는 마음이다. 부모와 내가 하나이면 형제와 나도 하나이고 사촌, 육촌, 팔촌 등으로 확장되면서 모든 인류가 '하나'가 된다. 그러기에 진리를 찾는 군자라면 '부모와 나는 하나'라는 점을 깨닫는 것이 가장 중요하다. 눈으로만 볼 때는 나와 형제가 둘이지만 그 위로 거슬러 올라가 보면 같은 부모가 있음을 알 수 있다. 그래서 부모와 자녀의 관계는 인륜에 앞서 천륜(天倫)이다.

이율곡은 다음과 같이 전한다.

"사람은 태어날 때 성명(性命)과 피와 살을 모두 어버이로부터 받은 것이다. 그러므로 숨을 내쉬고 들이마시는 것도 어버이의

기운과 혈맥이 서로 통하니 이 몸은 자기 개인의 것이 아니라
부모로부터 물려받은 기운인 것이다."

모든 인간은 부모로 인하여 자신의 존재가 있을 수 있고, 육신의 모든 것이 부모로부터 왔다. 부모에게서 물려받은 것은 이 몸뿐이 아니다. 양심과 생명의 기운을 온전하게 다 받았으며, 부모의 사랑과 가르침을 통하여 세상을 사는 방법과 이치를 모두 배웠다. 이를 보면 부모와 나를 분리하여서 생각할 수 없다. 언필칭 부자간을 하나라는 의미로 '친(親)'이라는 글자로 표현하였는데, 이 '친'이 그대로 '어버이'라는 의미가 되기도 한다. '親'이라는 한자를 풀어 보면 '立+木+見'으로, 어머니가 고갯마루의 나무 위에 올라서서 자식이 언덕길을 올라오는가 하고 내려다보는 모습을 형상화한 것이다. 따라서 효(孝)라는 것은 가장 자연스러운 것으로 아무 조건 없이 행하여지는 것이며, 인간이라면 누구나 가지고 있는 순수한 인간성의 발현이고 생명의 보편적 현상이다. 천지의 본성이 사람을 귀하게 하고 사람의 행실 중에 효보다 큰 것이 없다. 그러니까 효를 '백행 (百行)의 근본'이라고 한다.

제사의 참 의미

현대는 무한경쟁 시대이다. 경쟁은 긴장의 연속이어서 긴장이 지속 되면 몸이 피곤하여지고 마음은 외로워진다. 그래서 이 긴장을 풀려면 우선 긴장하지 않아도 될 사람을 만나는 것이다. 그 대상이 바로 부모이다. 우리는 부모를 만나면 긴장이 스르르 풀린다. 그렇기 때문에 명절이 되면 우리는 천 리 길도 멀다 여기지 않고 부모를 만나러 간다. 부모를 만나면 천근만근의 무게로 억눌렸던 긴장이라 할지라도 시나브로 풀리는 동시에 세상을 살아갈 힘을 다시 얻게 된다. 곧 부모를 만나는 것은 생기를 충전할 수 있는 기회이다.

부모 앞에서 중국의 효자 노래자(老萊子)처럼 굳이 색동옷을 입고 즐거운 듯 뛰놀지 않아도 된다. 남루한 옷이면 어떠랴? 깨끗하게 손질하고 잘 빨아서 입으면 되는 것이다.

지금은 부모가 그리우면 사진이나 동영상을 보며 추억을 되살려 볼 수도 있지만 오래 전에는 그러한 매개체가 없었다. 그래서 우리 의 조상들이 부모와 만나는 방법으로 찾은 것이 제사인 것이다. 제 사의 가장 중요한 기능 중의 하나는 '부모와 만나는 자리'이다. 부 모님이 돌아가시고 나면 내가 그리운 것은 부모의 몸이 아니라 나 를 사랑하고 아껴 주던 마음이다.

공자는 부모의 제사를 지낼 때 부모와 만났고, 부모의 사랑을 느 꼈다. 공자가 조상에 대한 제사를 지내는 모습은 마치 조상이 앞에 계시는 것처럼 하였으며, 천신(天神)이나 산신(山神) 등에 제사 지 낼 때도 신이 앞에 있는 것처럼 하였다고 제자들이 〈논어〉에 기록 하고 있다. 공자는 제사를 지내면서 조상의 몸을 만난 것이 아니라 마음을 만난 것이다. 부모를 만나 생전같이 부모의 사랑을 듬뿍 느 끼는 것, 그것이 제사를 지내는 가장 중요한 의미이다.

또한, 제사는 자신감을 회복할 수 있는 순간이다. 경쟁 사회에서 는 남에게 무시당하는 일이 많다. 자기 자리를 잃기도 한다. 자기의 자리와 역할을 빼앗기고 소외되는 것은 매우 불행한 일이다. 그러 나 제사는 참여하는 사람을 어느 누구도 소외시키지 않는 것이 기 본이다. 어떤 집안에서는 어린이나 혼인하지 않은 여자들은 제사에 참여시키지 않는데, 이는 아주 잘못 된 일이다. 사회의 기준으로 아무리 무능하고 못난 사람이라 하더라도 제사에 참여하는 경우에는 소외시켜서는 안 된다. 『중용』에서 그 의미를 잘 드러내고 있다.

> 종묘의 예는 그것으로서 소목(昭穆·조상의 신주를 사당에 모시는 차례)의 순서를 밝히는 것이고, 헌작의 차례를 정하는 것은 귀천을 구별하자는 것이며, 일의 순서를 정하는 것은 현명함을 분별하는 것이며, 여럿이 술을 마실 때 아랫사람이 윗사람을 위하는 것은 천한 사람에게까지 참여하게 하는 것이며, 잔치할 때 머리털의 색을 중시하는 것은 나이의 순으로 차례를 정하기 위한 것이다.

위에서 보듯 첫째, 제사에 참여한 모든 사람은 각각 자기의 정하여진 자리가 있다. 후손들이 제사를 지낼 때는 '소목'법에 따라 서는 자리의 차례를 밝힌다. 왼쪽 줄을 '소(昭)', 오른쪽 줄을 '목(穆)'이라 하여 1세를 가운데에 모신다. 그 다음 2·4·6세를 소에, 3·5·7세를 목에 모시는 것을 말한다. 오늘날로 설명하자면 제사에 참여한 모든 사람들은 각각의 항렬에 따라 줄을 서는 것이다. 사회에서 인정받지 못하는 사람이 어디에 가서도 설 자리가 없어 외롭다가도 제사에 참여할 때는 자기의 자리가 있다. 제사는 항렬이 있는데, 항렬에 의하여 차례대로 자리를 준다. 나이가 어려도 항렬이 높으면 앞자리에 오거나 가운데 자리가 자기 자리이다. 제사는 소속되는 자리를 부여하여 줌으로써 모두 자기의 정하여진 자리로 자기의 당당한 존재가치를 확인할 수 있는 것이다.

둘째, 사회적 명망이 있는 자를 인정하여 준다.

사회에서 능력을 인정받는 사람이라면 역시 제사에서도 마땅히 그 능력을 인정받는다. '서작(序爵)'이라고 하여, 참여한 사람의 벼슬이나 지위대로 순서를 정하여서 헌관(獻官)을 시킨다. 예를 들어, 조상에게 술잔을 올리는데 항렬이 낮다 하더라도 만약 사회에서 큰 지위를 갖고 있는 자라면 그 자에게 술잔을 올리도록 하는 것이다. 사회적 명망이 있는 사람이 제사에 참여하였는데 그 지위를 인정하여 주지 않는다면 그것 또한 그 사람을 소외시키는 것이므로 사회적 지위에 맞는 역할을 주는 것이다. 즉, 귀하고 천한 것을 구별한다는 것은 사람을 구별하는 일이 아니라 그 사람의 자리를 구분함으로써 자부심을 체감하게 하여주는 것이다.

셋째, 능력이 있는 자를 북돋워 준다. 사회적으로 큰 지위는 없다고 하더라도 능력이 있는 사람에게는 축관(祝官)이나 봉작(封爵) 등의 역할을 맡긴다. 그것이 '서사(序事)'이니, 일의 순서를 정하는 방식이다. 서사는 그 사람의 현명한 것을 분별하여 주는 것으로서 자기가 가진 능력대로 역할 분담을 하는 것이다.

넷째, 어린아이와 젊은 사람도 참여하게 한다. 오늘날 제사를 지내는 것을 보면 어린아이들은 제사의 의미도 잘 알지 못할뿐더러 맡을 일이 없으니 손꼽아 제사를 기다릴 일이 만무하다. 그러나 제사는 어린아이라도 역할이 있는 것이다. 나이가 어려서 멀뚱거리고 있는 아이에게 역할을 부여하여 준다. '여수(旅酬)'는 술을 주고받는 것인데, 아랫사람이 윗사람에게 술을 따라 드리는 것이다. 어른과 아이의 친밀감을 높일 뿐만 아니라 어른을 대하는 방법과 공경심도 배울 기회가 된다.

다섯째, 나이 들고 능력이 없는 자를 가장 먼저 대접하여 준다. 나이가 많지만 항렬이 낮고 능력이 부족한 사람은 아무 역할이 없기에 자못 소외감을 느낄 수 있다. 이를 해소하기 위하여 그분들에게 제일 먼저 음복주를 마시게 한다. '연모(燕毛)'란 잔치할 때 머리털을 기준으로 한다는 뜻이니, 머리가 흰 나이 많은 순서로 대접하는 것이다.

사회에서 소외되거나 위축되었던 사람이라 하더라도 제사에 참여하게 되면 각자의 자리가 있고, 각자의 색깔이 있고, 각자의 목소리가 있어서 소외감을 날려버리고 존재의 의미를 재확인하는 시간을 갖는다. 모두가 한마음이 되어 행복을 향유하는 천국 체험이 바로 제사인 것이다.

부모가 살아 계신다면 부모를 존경하는 행동으로서 아이에게 좋은 본보기가 되지만 만약 부모님이 돌아가셨다면 어떤 방법으로 아이에게 효를 보여줄 수 있을까? 바로 제사이다. 살아 계신 동안 자식을 위하여 한없이 희생하신 부모님이기에 비록 몸은 돌아가셨더라도 그 마음을 차마 잊지 못한다.

화합과 축제의 시간

"아버지가 돌아가신 후 적어도 3년간을 아버지의 생활방식이나 원칙을 바꾸지 않아야 참다운 효라 할 수 있다." 『논어』 「학이」편에 있는 공자의 말씀이다.

부모님이 돌아가셨다. 그때부터 '부모님의 재산이 내 것이 되었다'는 생각에 즐거울 것인가? 단연코 아니다. 돌아가셨더라도 한동안 돌아가셨다는 사실이 각인되지 않는다. 부모님이 이제 내 곁에 안 계신다는 생각으로 살아갈 수가 없다. 상처가 너무 큰 것이다.

상처가 아무는 데 모름지기 3년은 걸린다는 것이다. 상처가 어느 정도 아물고 나면 그때 문패를 교체하여도 늦지 않다. 부모님이 돌아가시자마자 이내 부모님의 흔적을 없애거나 바꾸는 것은 한마음을 가진 순수한 태도가 아니다. 그렇게 차마 하지 못하는 마음이 순수한 사람이고 효자의 마음이다.

또 공자는 "들[교외]에서 상제에게 제사를 올림은 공경의 지극함이요, 종묘의 제사는 어짊의 지극함이다"라고 하였다. 공경함과 어짊의 도덕 규범은 그 극치가 제사를 통하여 드러난다. 어짊, 즉 인(仁)이란 사람[人]이니 부모와 하나 됨이 으뜸이다. 하나 되는 사람은 부모가 돌아가셔도 없어지는 마음이 아니라 영원한 마음이고, 그 영원한 마음을 표현하는 행위가 곧 제사인 것이다.

『효경』「기효행장」에서는 다음과 같이 말하고 있다.

공자께서 말씀하셨다. "효자가 부모를 섬김에 있어서 평상시에는 그 공경함을 지극히 하고, 봉양함에는 그 즐거움을 지극히 하고, 병이 들면 그 근심함을 지극히 하고, 돌아가시면 그 슬픔을 지극히 하고, 제사 지낼 때에는 그 엄숙함을 지극히 해야 하니, 이 다섯 가지가 갖추어진 뒤라야 부모를 잘 섬긴다고 할 수 있다[子曰, 孝子之事親也, 居則致其敬, 養則致其樂, 疾則致其憂, 喪則致其哀, 祭則致其嚴. 五者備矣, 然後能事其親]."

그렇다. 제사는 부모님이 살아 계신 동안 다하지 못한 효도에 대한 반성이요, 효도의 연장이다. 내가 부모의 제사에 정성을 다하는 모습을 보여줌으로써 어린 자녀들이 보고 배워서 흉내를 내어 따라

하게 되는 것이다. 제사나 효도를 어떻게 말로 설명하며 가르칠 수 있겠는가. 오로지 경건하게 행동으로 보여주고 몸소 실천하는 방법뿐이다.

또한 제사는 화합의 기회이기도 하다. 사람들은 서로 사랑하며 사는 것이 행복이고, 서로 다투고 갈등하며 사는 것이 불행이라는 것은 모두가 공감하는 답안지이다. 불교에서는 그것을 본래면목(本來面目)이라고 한다. '중생이 본디부터 지니고 있는, 천연 그대로의 심성'을 이르는 말이다. 그런데 가장 가까워야 할 가족이나 친척끼리 서로 다투는 것은 불행 중에서도 으뜸이 되는 불행이라 할 수 있다. 그것을 안다면 빨리 그 질곡에서 벗어나야 한다. 모든 존재는 눈에 보이지는 않지만 한 줄의 점선(點線)으로 연결되어 있다. 우리에게 일어나는 많은 문제들은 우리가 하나라는 동질감을 잊고 있을 때 생기는 것들이다.

우리가 '하나'가 아니라 '남'이라고 가정하게 되면 타인은 경쟁상대의 대척점에 서게 된다. 경쟁을 하고 투쟁을 하여서 이겨야만 살 수 있다고 생각하면 산다는 것은 힘이 들고 스트레스가 쌓이는 지옥이나 다름없다. 그렇게 사는 것은 외롭고 고독한 동시에 생로병사(生老病死)의 고식적인 길만 따르는 슬픈 여정(旅程)이 된다. 이것을 타파하는 방법은 하나뿐이다. 우리가 다시 하나임을 알고 하나로 귀일(歸一)하여 사는 것이다. 그 방법 중의 하나가 제사이다. 제사를 통하여 우리의 존재 근원이 하나임을 확인하고 화합하면 현실에서 일어나는 어떠한 어려움도 능히 헤쳐나갈 수 있다.

사람들이 다투는 까닭은 우리가 모두 하나라는 것을 망각하였기 때문이다. 그렇게 되면 잘 모르는 사람은 물론 동료와 친구와도 싸우고 끝내는 형제간에도 분란이 일어난다. 이럴 때 형제가 부모의 제사를 함께 잘 지내면 부모를 통하여서 서로 하나라는 것이 확인된다. 그 '하나'임을 확인하는 순간에 형제는 바로 뭉칠 수 있다. 그러므로 제사는 사람들 사이의 껄끄러움을 극복할 수 있는 좋은 기회가 된다. 제사를 통하여 사람들이 화합할 수 있기 위하여서는 먼저 사람들이 제사에 참여하지 않으면 안 된다. 제사에 참여하는 것이 중요한 소이(所以)가 여기에 있다.

사람의 기분이 좋아지려면 우선 배가 고프지 않아야 한다. 이때 음식의 양은 여건이 된다면 모인 사람들이 다 같이 먹고 화목할 수 있도록 넉넉하게 준비하는 것이 좋다. 양만 중요한 것이 아니라 질도 중요한 것이기에 참여한 사람들이 먹고 싶은 음식으로 장만하여야 한다. "오늘 조상님 덕분에 귀한 음식 맛있게 잘 먹었다."고 하는 말이 나올 수 있도록 정성을 다해 마련하면 그만인 것이다.

제사는 본래 길례(吉禮)에 속한다. 이는 귀신에게 음식이나 제물과 같은 희생물을 바치고 춤과 음악으로 그를 기쁘게 함으로써 인간이 복을 받고자 하였던 일종의 축제 같은 것이었다. 영화 〈십계(十戒)〉에서 보듯 이집트에서 노예 생활을 하던 이스라엘 민족이 지도자 모세를 따라 홍해를 건너기 전날에 베푼 축제가 바로 그런 것이다. 이렇듯 동서고금에 걸쳐 제사는 떠들썩한 잔치나 사육제와 같은 것이었으며 또한 이웃 사람들을 불러 음식을 대접하는 하나의 연회이기도 하였다. 제사를 지내면서 부모에 대한 그리움으로 공경을 다하면서 축제의 분위기를 만끽하면 될 것이다.

세대간의 만남

우리나라의 조상제사는 오늘날까지 많은 변화를 겪어오면서 바람직한 계승 방안을 끊임없이 논의하고 있는 실정이다. 제물의 종류와 준비 과정에서부터 제사를 지내는 날짜와 시간에 관한 문제 등 조상제사를 둘러싼 변화의 모색은 여전히 진행 중이다.

하지만 현대사회에 와서 조상을 섬기는 애틋한 마음이 점점 옅어지고 있다는 것은 부정할 수 없는 우리의 자화상이다. 산업사회의 발달로 핵가족화가 속도감 있게 진행되면서 가족들은 더 작은 단위로 나뉘게 되었고, 조상의 개념도 살아생전 뵈었던 분으로 좁혀지는 추세이다. 또한 서양 종교의 영향을 받아 제사를 우상숭배로 오해하는 바람에 제사를 기피 하는 가정도 많아졌다.

유교에서 말하는 제사의 목적은 일차적으로 생명의 근원에 대한 감사와 보답에 있는 것이며, 제사의 목표는 생명의 기원인 '신[조상]'과 일치를 이루는 것이라 할 수 있다. 제사를 통한 신과 인간의 만남에서 '신'이 받들어지고 '인간'은 순응하는 상하의 질서를 확립하고 있지만 여전히 제사의 주체는 인간이고 '신'은 빈객(賓客)처럼 모셔진다. 바로 이 점에서 '신'은 두려움의 대상이요 섬기고 받들어야 할 피조물이지만, 한편으로는 인간이 '신'에 예속된 것이 아니라 인간이 제사의 주체로서 단지 '신'을 모셔와 '신'과 감응(感應)한다는 사실이다. 제사의례의 절차는, 신을 맞이하는[迎神·영신] 의례로 시작하여 신을 전송하는[送神·송신] 과정까지 신과 인간의 교류를 통한 감응의 양상을 보여준다.

제사는 산 자와 죽은 자가 조우(遭遇)하는 것이고, 살아 있는 사람들이 모이는 회합(會合)이다. 그러므로 제사는 만남의 향연이다. 만남은 소통을 전제로 한다. 소통은 만남의 당사자들이 상호 이해가 가능한 언어와 행동으로 교류하는 것이다. 현재의 제사가 가야 할 방향은 "소통의 장(場)으로 얼마나 충실하게 채워져 있는가?"라는 물음 속에서 찾을 수 있을 것이다.

앞에서도 말하였지만 "제사는 자주 지내려 하지도 말고, 소홀히 해서도 안 된다고 한 경전의 언급은 제사의 형식을 정할 때 우리가 유념하여야 할 부분이다.

제사는 내가 태어난 곳을 바라보는 시선이면서 동시에 내가 나아갈 곳을 보여주는 거울이다. 우리는 제사를 통하여 자신의 존재가치와 뿌리를 새삼 성찰할 수 있고, 나아가 생명의 근원과 맥락을 확인하며 집안의 전통과 가풍을 배우게 된다. 제사는 돌이킬 수 없는 시간을 의례적 공간에서 회복하여 다하지 못한 감사를 표출하는 시간이다. 이러한 감사는 내 삶의 혈류(血流)를 관통하는 긍정의 풀무질이다.

제사는 우리가 지금 서 있는 위치를 돌아보게 하는 반사경이고, 가족들의 화목을 더욱 돈독하게 하는 화합의 도움닫기이다. 제사는 세대 간의 만남이며 대화의 통로이다. 부모를 만나 생전처럼 부모의 사랑을 함초롬히 느끼는 것, 그것이 오늘날 제사를 지내는 가장 중요한 의미로 제시할 수 있을 것이다. 제사는 그리운 사람을 만나는 가교이고, 떨어져 살고 있는 가족이 한 곳에 모일 수 있는 기회이자 보고 싶은 사람들을 한군데에서 만날 수 있는 간이역(簡易驛)이다. 그리고 보리 이삭같이 껄끄러운 사람들이 만나 그 껄끄러움을 떨어내는 타작마당이며, 서로의 화합을 도모하는 아고라와 같은 광장이기도 하다.

제사는 우리가 돌아가신 조상을 추모하고 그 은혜에 보답하는 최소한의 성의 표시이기도 하다. 제사가 돌아가신 조상에게 정성으로 효를 행할 수 있는 수단이라고 한다면, 제사 음식은 조상에게 보이는 자손의 성의를 담은 마음이라고 할 수 있다. 따라서 제사의 핵심 조건은 제사를 지내는 인간의 정성스럽고 경건한 자세로서 재계(齋戒)가 필수불가결이다.

나아가 제사는 인간의 일상적 삶에서 도덕적 정당성을 갖추도록 요구하고 있는 것이다. 이런 의미에서 제사는 한 집안의 작은 종교 의식이며, 아울러 우리 민족의 정신문화이기도 하다. 제사는 가족 공동체를 결속시킬 뿐만 아니라 사회적으로 지역 공동체나 국가 공동체의 형성과 통합에도 응집력을 발휘할 수 있을 것이다.

제사의 본의(本意)를 잊은 사람들은 제사의 의미를 다시 한 번 되새겨보고 그 중요성을 인식하는 것이 좋은 처방약이 되었으면 한다. 특히 우리나라는 제사가 가지는 본질을 통하여 혼란한 세상을 구제하는 역할을 하여야 할 때이다. 제사의 순기능을 한국 사람들이 모범적으로 보여준다면 저절로 세계의 평화에도 이바지할 것이다. 그러나 분명히 명심하여야 할 것은 억지로 강요하지는 말아야 한다는 점이다. 제사는 가족과 친지들의 화합에 목적이 있는 것인데, 권위의 상징이 되어 오히려 화합을 저해하는 요인으로 작용하면 '말짱 도루묵'이 된다.

제사의 형식을 올바로 이해하는 것도 중요하지만 보다 우선시되어야 할 것은 제사를 지내는 원초적인 정신을 파악하여 우리가 살아가는 실생활에 원용하면서 과거에 대한 집착보다는 미래의 방향까지도 그려진 청사진을 펼쳐 보여야 할 것이다. 모든 것이 바쁘게 돌아가는 현대사회에서 옛날 방식만을 고집할 수는 없다. 다만 그 마음과 정신만은 퇴행되지 않고 오롯이 이어졌으면 하는 바람이다.

전통적인 제사의 절차가 부담이 된다면 내 가정의 형편에 맞도록 조촐하게 차리면서 그 뜻만은 부족함이 없도록 정성을 다하는 것으로 충분하다. 그것이 현대에 맞는 제사의 규범일 것이다.

재차 강조하지만 제사는 자기의 존재에 대한 근원과 가치를 깨닫게 하며, 자신과 가정, 더 나아가 이웃과 사회의 모든 인간관계의 기본을 배우는 데 기여함으로 도덕성 회복이라는 차원에서도 지속적으로 계승, 발전되어야 한다. 그래야 그 가정이 화목(和睦)하고 화락(和樂)할 수 있다.

II

論語에서 答을 찾다

논어 답

論語 講習 150講

논어 강습 150강

▌제1장▐

子曰 자	공자께서 말씀하셨다.
學而時習之면 학 이 시 습 지	"배우고 배운 것을 수시로 복습하면
不亦說乎아 불 역 열 호	또한, 기쁘지 않겠는가?
有朋이 自遠方來면 유 붕 자 원 방 래	친한 친구가 먼 곳으로부터 찾아오면
不亦樂乎아 불 역 락 호	또한, 즐겁지 않겠는가?
人不知而不慍이면 인 부 지 이 불 온	남이 알아주지 않아도 개의치 않는다면
不亦君子乎아 불 역 군 자 호	또한, 군자답지 않겠는가?"

子: 夫子(선생님), 공자에 대한 존칭

子曰: 공자(선생님)께서 말씀하셨다.

學: 배울 학

而: 어조사 이, 그리고, …하면서

時: 때 시, 항상, 때때로, 수시로, 이따금씩

習: 배울 습, 복습하다, 익숙하다

之: 갈 지, 그, 이, 그 사람, 그것

不: 아니 불(부)

亦: 또한 역, …도 역시

說: 기쁠 열, 기뻐할 열(=悅)

乎: 어조사 호 (의문, 反問을 나타냄)

有: 있을 유

朋: 벗 붕, 친구, 가까운 벗, 同門受學한 벗

　　(英) A FRIEND(COMPANION), A CLOSE FRIEND, AN OLD FRIEND

有朋: 어떤 친구

自: 스스로 자, …에서, …부터 (FROM)

遠: 멀 원

方: 모 방, 곳, 지방

遠方: 먼 곳, 멀리 떨어진 곳

來: 올 래, 오다 樂: 즐거울 락, 즐겁다, 기쁘다, 즐기다, 쾌락

人: 사람 인, 사람, 인간, 다른 사람, 타인, 남

知: 알 지, 알다, 이해하다

不知: 알아주지 않다.

慍: 성낼 온, 성냄, 노여움

不慍: 성내지 않다, 개의(介意)치 않다, 괘념(掛念)치 않다.

君子: 학식과 덕망이 높은 사람, 현자(賢者)

　　(英) A GENTLEMAN, A VIRTUOUS PERSON, A WISEMAN

❚ 제2장 ❚

有子曰 유 자 왈	유자가 말하였다.
其爲人也 기 위 인 야	"그 사람 됨됨이
孝弟요 효 제	부모에게 효도하고 어른을 공경하면서,

而好犯上者 鮮矣니 _{이 호 범 상 자 선 의}	윗사람을 범하기를 즐기는 자는 드물다.
不好犯上이요 _{불 호 범 상}	윗사람을 범하기를 즐기지 않고서,
而好作亂者 _{이 호 작 란 자}	반란을 일으키기를 즐기는 자는
未之有也니라 _{미 지 유 야}	아직 있어 본 적이 없다.
君子는 務本이니 _{군 자　　무 본}	군자는 근본을 세우는 데 힘을 쏟으니,
本立而道生하나니 _{본 립 이 도 생}	근본이 서면 방법이 생기는 것이다.
孝弟也者는 _{효 제 야 자}	효도와 공경하는 것은
其爲仁之本與인저 _{기 위 인 지 본 여}	그 인(仁)을 행하는 근본일 것이다."

有子: 공자의 제자 성은 유(有), 이름은 약(若), 자는 자유(子有)

爲人: 사람 됨됨이

孝: 효도 효

弟: 아우 제, 공경할 제(悌)

好: 좋을 호, 좋다, 훌륭하다

犯: 범할 범, 침범하다, 건드리다, 범하다, 저지르다

犯上: 손윗사람에게 덤벼들고 기어오름

者: 놈 자, …자, …것, …란, …것은

鮮: 적을 선, 적다, 드물다

矣: 어조사 의(문장의 완료를 나타냄)

作: 지을 작, 만들다, 생산하다, 제작하다

亂: 어지러울 란, 전쟁, 반란, 혼란하다, 무질서하다

作亂: 반란을 일으킴

未: 아닐 미, …이 아니다, 아직 …하지 않다

務: 힘쓸 무, 일, 사무, 종사하다, 근무하다

本: 밑 본, 근본, 기초, 근원

立: 설 립, 서다, 세우다

道: 길 도, 도덕, 도리, 방법

生: 날 생, 생기다, 자라나다, 생명, 살다

爲仁: 인자(仁慈)함을 행함

與: 그럴까 여

▮ 제3장 ▮

子曰 자 왈 巧言令色이 교 언 영 색 鮮矣仁이니라 선 의 인	공자께서 말씀하셨다. "말을 듣기 좋게 꾸며서 하고 얼굴 표정을 보기 좋게 꾸미는 사람 중에는 어진 사람이 드물다."

巧: 공교할 교, 교묘하다, 영민하다 言: 말씀 언, 말하다, 이야기하다

巧言: 말(이야기)을 듣기 좋게 꾸며서 함

令: 영 내릴 령, 명령, 명령하다, 좋다, 아름답다

令色: 얼굴표정을 보기 좋게 꾸밈

鮮: 적을 선, 드물다, 적다

仁: 어질 인, 어질다, 인자하다, 자애롭다, 어진(착한)마음

鮮矣仁 : 「드물다! 인자한 사람이.」鮮仁矣의 뜻을 강조하기 위한 도치법

제4장

曾子曰
증 자 왈
증자가 말하였다.

吾日三省吾身하노니
오 일 삼 성 오 신
"나는 매일 세 가지 물음으로 나 자신을
반성한다.

爲人謀而不忠乎아
위 인 모 이 불 충 호
남을 위해 일을 도모면서
충실하지 않았는가?

與朋友交而不信乎아
여 붕 우 교 이 불 신 호
친구와 사귐에 믿음이 있지 않았는가?

傳不習乎이니라
전 불 습 호
전수한 것을 복습하지 않았는가?"이다.

曾子: 공자의 제자. 성은 증(曾), 이름은 삼(參), 자는 자여(子與)

吾: 나 오, 나, 우리

吾身: 나 자신

省: 살필 성, 반성하다, 성찰하다, 돌이켜 보다

身: 몸 신, 몸, 신체, 자기, 자신

謀: 꾀할 모, 도모하다, 꾀하다, 모색하다

忠: 충성할 충, 충성, 충성심, 충성을 다하다

交: 사귈 교, 벗, 친구, 동무, 사귀다, 교제하다

信: 믿을 신, 확실하다, 진실하다, 성실하다

傳: 전할 전, 전하다, 전수(傳受)하다, 가르쳐 전하다

제5장

子曰
자 왈
道千乘之國하되
도 천 승 지 국
敬事而信하며
경 사 이 신
節用而愛人하며
절 용 이 애 인
使民以時니라
사 민 이 시

공자께서 말씀하셨다.
"천승의 나라를 다스리려면
일을 경건하고 미덥게 처리하며
재물을 아껴 쓰고 백성을 사랑하며
백성을 부리되 때맞추어 해야 한다."

道: 길 도, 도덕, 도리, 방법, 말하다, 다스리다, 인도하다(導)

乘: 탈 승, 타다, 곱하다, 탈 것 (말 네 필(匹)이 끄는 마차를 세는 단위)

國: 나라 국, 국가, 나라, 자기 나라

千乘之國: 사두마차(四頭馬車) 천(千)대를 소유한 나라, 제후국(諸侯國)

敬: 공경할 경, 존경하다, 공경하다, 삼가

事: 일 사, 일, 사건, 사고, 업무

敬事: 일을 경건하게 처리함.

節: 마디 절, 박자, 단락, 요약하다, 절약하다, 절제하다

用: 쓸 용, 사용하다, 쓰다, 용도, 쓸모, 비용

節用: 아껴서 사용함

愛: 사랑 애, 사랑하다, 아끼다, 소중히 하다

愛人: 백성을 사랑함

使: 부릴 사, 쓰다, 사용하다, 써버리다

民: 백성 민, 백성, 국민, 대중, 민간

使民: 백성을 부림

以: 써 이, …(으)로(써), …을 가지고, …에 따라, 때문에

時: 때 시, 때, 시대, 시기, 시간, 계절, 철, 알맞은 때

以時: 때에 맞게, 때맞추어

▌제6장 ▌

子曰 자 왈	공자께서 말씀하셨다.
弟子 入則孝하고 제 자 입 즉 효	"청소년은 집에 들어가서는 효도하고,
出則弟하며 출 즉 제	밖에 나가서는 공손하고,
謹而信하며 근 이 신	행동을 삼가고 신의를 지키며
汎愛衆하되 범 애 중	널리 많은 사람을 사랑하되
而親仁이니 이 친 인	어진 사람을 가까이해야 한다.
行有餘力이어든 행 유 여 력	이런 일들을 행하고도 여력이 있으면
則以學文이니라 즉 이 학 문	글을 배워야 한다."

弟: 아우 제, 동생, 아우, 문인(門人), 제자

弟子: 문하생, 제자, 학생, 어린이, 청소년

入: 들 입, 들어가다, 가입하다

則: 곧 즉, …하자 …하다, …하면 …하다

入則孝: (집에)들어가서는 효도하고

出: 날 출, 나갈, 떠날

出則弟: (집밖에)나가서는 공손히 하고

謹: 삼갈 근, 삼가다, 조심하다, 공손히, 정중히

信: 믿을 신, 진실하다, 성실하다, 신용, 신의

謹而信: 삼가고 미덥게

汎: 뜰 범, 넓다, 광범하다, 일반적이다, 두루, 대충

衆: 무리 중, 많다, 많은 사람

親: 친할 친, 부모, 친척, 친하다, 가깝다

汎愛衆而親仁: 널리 많은 사람을 사랑하고 어진 사람을 가까이 하다.

行: 걸을 행, 걷다, 가다, 하다, 실행하다

餘: 남을 여, 남다, 남기다

力: 힘 력, 힘, 체력, 힘을 다하다, 노력하다

餘力: 남은 힘, 시간이나 체력적으로 여유가 있음

學: 배울 학, 배우다, 학습하다, 학문

文: 글월 문, 문자, 글자, 문장, 글

學文: 글을 배우다, 학문을 하다

▌제7장 ▌

子夏曰 자 하 왈	자하(子夏)가 말하였다.
賢賢하되 현 현	"어진이를 어질게 대하되
易色하며 역 색	미색(美色)을 좋아하듯이 바꾸어서 하고
事父母하되 사 부 모	부모를 섬김에
能竭其力하며 능 갈 기 력	그 힘을 다하며
事君하되 사 군	임금을 섬김에
能致其身하며 능 치 기 신	그 몸을 다 바치며
與朋友交하되 여 붕 우 교	벗과 더불어 사귐에

言而有信이면　　　그 말에 신의가 있다면
언 이 유 신
雖曰未學이라도　　비록 아직 배우지 못하였다고 말하더라도
수 왈 미 학
吾必謂之學矣라하리라 나는 반드시 그를 배웠다고 말하겠다."
오 필 위 지 학 의

子夏: 공자의 제자. 성은 복(卜), 이름은 상(商)

賢: 어질 현

易: 바꿀 역

色: 빛 색, 색, 안색(顔色), 여색(女色), 여자의 미모

事: 섬길 사, 모시다, 섬기다

能: 재능 능, 재능, 재간, 능력, 할 수 있다

竭: 다할 갈, 다하다, 다하여 없어지다

其: 그 기, 그, 그러한 것

力: 힘 력

君: 임금 군, 군주, 임금, 그대, 당신

致: 이를 치, 도달하다, 실현하다

身: 몸 신, 자기, 자신, 신체, 몸뚱이

雖: 비록 수, 비록 …이지만, 설사 …이더라도, 단지, 오직

曰: 가로되 왈, 이르다, 말하다, 가로되 …라고 하다

未: 아닐 미, 아직 …하지 않다, …이 아니다

謂: 이를 위, 말하다, 알리다, …라고 일컫다, …라고 부르다

제8장

子曰
_{자 왈}
君子不重則不威니
_{군 자 부 중 즉 불 위}
學則不固니라
_{학 즉 불 고}
主忠信하며
_{주 충 신}
無友不如己者요
_{무 우 불 여 기 자}
過則勿憚改니라
_{과 즉 물 탄 개}

공자께서 말씀하셨다.

"군자가 무게가 없으면 위엄이 없으니

학문도 견고하지 못할 것이다.

충성과 신의를 으뜸으로 삼으며,

자기보다 못한 사람과 벗 삼지 말고

허물은 고치기를 꺼리지 말아야 한다."

重: 무거울 중, 중요하다, 중대하다

威: 위엄 위, 위엄, 위세, 힘, 세력

固: 굳을 고, 진실로 고, 단단할 고

主: 주인 주, 임금 주, 주될 주

無: 없을 무, 없다, …아니다, …하지 않다

己: 몸 기, 자기, 자신

如: 같을 여, …와 같다

過: 지날 과, 잘못, 과실, 허물, 지나치다, 초과하다

勿: 말 물, …하지마라, …해서는 안된다

憚: 꺼릴 탄, 삼가다, 꺼리다, 기피하다

改: 고칠 개, 바로잡다, 고치다, 바꾸다

제9장

曾子曰
증 자 왈
愼終追遠이면
신 종 추 원

民德이 歸厚矣리라
민 덕　　　귀 후 의

증자가 말하였다.

"부모의 상(喪)을 삼가서 치르고

돌아가신 먼 조상까지 추모하면,

백성들의 덕(德)이 두터워질 것이다."

愼: 삼갈 신, 조심할 신

終: 끝 종, 끝나다, (사람의)죽음, 결국, 마침내

追: 쫓을 추, 쫓아가다, 추적하다, 추억하다, 회상하다

遠: 멀 원

民: 백성 민, 백성, 국민

德: 덕 덕, 덕, 도덕, 품행, 은덕, 은혜

歸: 돌아갈 귀, 돌아가다, 돌려주다

厚: 두터울 후, 두껍다, 두텁다, 후하다

제11장

子曰
자 왈
父在에
부 재
觀其志요
관 기 지
父沒에
부 몰
觀其行이니
관 기 행
三年을
삼 년
無改於父之道라야
무 개 어 부 지 도
可謂孝矣니라
가 위 효 의

공자께서 말씀하셨다.

"아버지가 살아계시는 동안에는

그 뜻을 살피고,

아버지가 세상을 떠나신 뒤에는

그 행적을 살필 것이니,

삼 년 동안을

아버지의 생활방식을 고치지 말아야

효(孝)라 이를 수 있다."

在: 있을 재, 존재하다, 생존하다, …에 있다

觀: 볼 관, 보다, 구경하다, 관찰, 살피다

志: 뜻 지, 뜻, 뜻함

沒: 빠질 몰, 죽을 몰

行: 다닐 행, 행각, 행적

▌제14장 ▌

子曰
자 왈
君子食無求飽하며
군 자 식 무 구 포
居無求安하며
거 무 구 안
敏於事而愼於言이요
민 어 사 이 신 어 언
就有道而正焉이면
취 유 도 이 정 언
可謂好學也已니라
가 위 호 학 야 이

공자께서 말씀하셨다.

"군자는 배불리 먹기를 바라지 아니하고

거처함에 편안하기를 바라지 아니하며

일은 민첩하게 하고 말을 삼가며

도가 있는 이에게 나아가 바로 잡는다면

배움을 좋아한다고 할 수 있다."

求: 구할 구, 추구하다, 구하다, 찾다, 바라다

飽: 배부를 포, 배부르다

居: 살 거, 살다, 거주하다, 머무르다

安: 편안할 안, 안정되다, 편안하다

敏: 민첩할 민, 신속하다, 민첩하다

就: 이를 취, 다가가다, 가까이하다, 나아가다

▌제15장▌

子貢曰
자 공 왈
貧而無諂하며
빈 이 무 첨
富而無驕하면
부 이 무 교
何如하니잇고
하 여

자공이 말하였다.

"가난하면서도 비굴하지 않고

부유하면서도 교만하지 않으면

어떻습니까?"

子曰 _{자 왈}	공자께서 말씀하셨다.
可也나 _{가 야}	"괜찮으나
未若貧而樂하며 _{미 약 빈 이 락}	가난하면서도 즐기며
富而好禮者也니라 _{부 이 호 례 자 야}	부유하면서도 예를 좋아함만 못하다."
子貢曰 _{자 공 왈}	자공이 말하였다.
時云如切如磋하며 _{시 운 여 절 여 차}	"시경에 자른 듯 다듬은 듯하며
如琢如磨라하니 _{여 탁 여 마}	쪼은 듯 간 듯하다고 한 것이
其斯之謂與인저 _{기 사 지 위 여}	바로 이것을 두고 한 말이군요."
子曰 _{자 왈}	공자께서 말씀하셨다.
賜也는 _{사 야}	"사(賜)야,
始可與言詩已矣로다 _{시 가 여 언 시 이 의}	비로소 함께 시를 이야기할 만 하구나!
告諸往而知來者온여 _{고 저 왕 이 지 래 자}	지난 것을 말해주니 올 것을 아는구나."

子貢: 공자의 제자로서 공문십철(孔門十哲) 중 한 사람. 성은 단목(端木),
　　이름은 사(賜), 자는 자공(子貢)

貧: 가난할 빈, 가난하다, 빈궁하다, 부족하다

諂: 아첨할 첨, 아첨하다, 알랑거리다, 비위를 맞추다

富: 넉넉할 부, 부유하다, 풍부하다, 많다

驕: 교만할 교, 거만하다, 교만하다, 뽐내다

何: 어찌 하, 무엇, 무슨, 어떤, 어느, 왜, 어찌

如: 같을 여, …와 같다, 예를 들면, 만약, 혹은 何如: 어떻습니까?

未: 아닐 미

若: 같을 약

未若: …함만 못하다, …와 같지 않다

樂: 즐거울 락, 즐겁다, 기쁘다, 즐기다

云: 이를 운, 말하다, 이르다

切: 벨 절, 끊다, 자르다, 썰다

磋: 갈 차, (옥이나 돌 따위를) 갈고 닦아 물건을 만들다

琢: 쫄 탁, (옥이나 돌을) 쪼다, 다듬다, 갈다

磨: 갈 마, 갈다, 마찰하다, 문지르다

斯: 이 사, 이(것), 여기, 이에

始: 처음 시, 처음, 최초, 시작, 비로소, 겨우

言: 말씀 언, 말, 언어, 이야기, 말하다, 이야기하다

已: 그칠 이, 그치다, 끝나다, 멎다, 이미, 벌써

告: 고할 고, 말하다, 알리다, 설명하다

諸: 어조사 저 之於의 합성어

往: 갈 왕, 가다, 이전의, 옛날의

來: 올 래, 오다, 미래의, 장래의

▌제16장 ▌

子曰
자 왈
不患人之不己知요
불 환 인 지 불 기 지

患不知人也니라
환 부 지 인 야

공자께서 말씀하셨다.

"남이 자기를 알아주지 않음을
걱정할 것이 아니라
내가 남을 알지 못함을 걱정해야 한다."

患: 근심 환, 걱정하다, 근심하다, 염려하다

知: 알 지, 알다, 이해하다, 알게 하다

不己知(불기지): 자기를 알아주지 아니함

不知人(부지인): 남을 알아보지 못함

※ 아니 不(불)字가 자음ㄷ과 ㅈ의 앞에 올 경우 不(부)로 발음 함.

也: 어조사 야, …도 하고, …도 하다

第 2篇 爲政(위정)

▮ 제1장 ▮

子曰 자 왈	공자께서 말씀하셨다.
爲政以德이 위 정 이 덕	"정치를 덕(德)으로써 하는 것은,
譬如北辰이 居其所어든 비 여 북 신 거 기 소	비유하자면, 북극성이 제자리에 있어도
而衆星이 共之니라 이 중 성 공 지	뭇 별들이 그에게로 향하는 것과 같다."

政: 정사(政事) 정, 정치, 행정, 정무

德: 덕 덕, 덕, 도덕, 품행

譬: 비유할 비, 예, 비유, 실례

北: 북녘 북, 북, 북녘, 북방, 북쪽

辰: 때 신, 해, 달, 별의 총칭, 때, 날, 새벽

居: 살 거, 살다, 거주하다, 머무르다

所: 바 소, 장소, 곳

衆: 무리 중, 많다, 많은 사람

星: 별 성

共: 함께 공, 함께, 같이, 공동으로, 함께하다

譬如: 비유하면 ...와 같다.

北辰: 북극성

居其所: 항상 제자리에 머물러 있음

衆星: 북극성 주위의 뭇별

共之: 그쪽을 향하다

▎제3장 ▎

子曰 자 왈	공자께서 말씀하셨다.
道之以政하고 도 지 이 정	"백성을 법령으로써 이끌고
齊之以刑이면 제 지 이 형	형벌로써 다스린다면
民免而無恥니라 민 면 이 무 치	백성들이 형벌을 면하려고만 하고 부끄러움이 없을 것이다.
道之以德하고 도 지 이 덕	백성을 덕(德)으로써 이끌고
齊之以禮면 제 지 이 례	예(禮)로써 다스리면
有恥且格이니라 유 치 차 격	부끄러움이 있고 또 바르게 될 것이다."

道: 인도하다, 이끌다 =(도導)

之: 그, 그사람, 백성

道之: 백성을 이끌다

以: 써 이

政: 법제, 법령

以政: 법령으로써

齊: 질서 정연하다, 가지런하다

以刑: 형벌로써

民: 백성 민

免: 면할 면, 면하다, 벗어나다

無: 없을 무

恥: 부끄럼 치, 부끄러움, 부끄럽다, 수치

以德: 덕으로써

以禮: 예법으로써

且: 또 차

格: 바로잡을 격, 바르게 하다

▌ 제4장 ▌

子曰 (자 왈)	공자께서 말씀하셨다.
吾 十有五而志于學하고 (오 십유오이지우학)	"나는, 열다섯에 학문에 뜻을 두었고,
三十而立하고 (삼십이립)	서른에 자립하였고,
四十而不惑하고 (사십이불혹)	마흔에 의혹하지 않았고,
五十而知天命하고 (오십이지천명)	쉰에 천명(天命)을 알았고,
六十而耳順하고 (육십이이순)	예순에 귀로 들으면 바로 이해되었고,
七十而從心所欲하되 (칠십이종심소욕)	일흔에 마음이 하고자 하는 바를 따라도
不踰矩호라 (불유구)	법도를 넘지 않았다."

五: 나 오

十有五: 10+5=15

志于學: 배움에 뜻을 두다.

惑: 미혹할 혹, 방설이다, 미혹하다, 의혹하다

知天命: 천명을 알다.

耳順: 귀에 순하게 들리다, 말귀가 밝다

從心所欲: 마음이 하고자 하는 바대로 따르다

踰: 넘을 유, 지나침

矩: 법 구, 법, 법도, 법칙, 곱자

不踰矩: 법도를 넘지 않다

▮ 제5장 ▮

孟懿子 問孝한대 _{맹 의 자 문 효} 子曰 無違니라 _{자 왈 무 위}	맹의자(孟懿子)가 효(孝)에 대해서 묻자, 공자께서 "어김이 없어야 한다."고 하셨다.
樊遲 御러니 _{번 지 어} 子 告之曰 孟孫이 _{자 고 지 왈 맹 손} 問孝於我어늘 _{문 효 어 아} 我 對曰 無違라호라 _{아 대 왈 무 위}	번지(樊遲)가 공자를 수레로 모셨는데, 공자께서 말씀하셨다. "맹손(孟孫)이 나에게 효(孝)에 대해 묻기에, 내가 '어김이 없어야 한다.' 고 대답하였네."
樊遲曰 何謂也잇고 _{번 지 왈 하 위 야} 子曰 _{자 왈} 生事之以禮하며 _{생 사 지 이 례} 死葬之以禮하며 _{사 장 지 이 례} 祭之以禮니라 _{제 지 이 례}	번지가 "무슨 말씀입니까?" 하고 묻자, 공자께서 말씀하셨다. "살아 계실 적에는 예(禮)로써 섬기고, 돌아가시면 예(禮)로써 장사 지내고, 예(禮)로써 제사 지내는 것이다."

孟懿子: 노(魯)나라의 대부(大夫), 이름은 하기(何忌), 시호는 의(懿)

無違: 어김이 없다

樊遲: 공자의 제자, 노나라 사람, 이름은 수(須)

御: 부릴 어, (차나 말을)부리다, 몰다, 모시다

告: 고할 고, 말하다, 설명하다

對: 대답할 대, 대답하다, 응답하다, …에 대하여

何謂也: 무엇을 이른 것입니까?, 무슨 말씀입니까?

生: 살아계실 때

事之: 섬기다

以禮: 예로써

死: 돌아가시면

葬之: 장사 지내다

祭之: 제사 지내다

제7장

子游 問孝한대
자유 문효
子曰
자 왈
今之孝者는
금 지 효 자
是謂能養이니
시 위 능 양
至於犬馬하여도
지 어 견 마
皆能有養이니
개 능 유 양
不敬이면
불 경
何以別乎리오
하 이 별 호

자유(子游)가 효(孝)에 대해 물으니,

공자께서 말씀하셨다.

"지금의 효라는 것은,

다만 잘 봉양하는 것이라고들 말하는데,

개나 말에 이르러서도

다 잘 먹여 기르고 있으니,

공경하지 않는다면

무엇이 다르겠는가?"

子游: 오(吳)나라사람으로 공자의 제자

今之: 지금 의, 오늘날 의

是: 只是(지시), 다만

能養: 잘 봉양하다

至於犬馬: 개나 말에 이르러도皆: 다 개, 모두, 전부, 다

有養: 길러줌이 있다

不敬: 공경하지 않다

何以別乎: 무엇이 다르겠는가?

子夏 問孝한대 _{자 하 문 효}	자하(子夏)가 효(孝)에 대하여 물으니,
子曰 _{자 왈}	공자께서 말씀하셨다.
色難이니 _{색 난}	"온화한 표정으로 섬기기가 어렵다.
有事어든 _{유 사}	무슨 일이 있으면
弟子服其勞하고 _{제 자 복 기 로}	젊은이가 그 수고로움을 맡아서 하고,
有酒食어든 _{유 주 사}	술과 음식이 있으면
先生饌이 _{선 생 찬}	어른에게 먼저 잡수시게 하는 것...
曾是以爲孝乎아 _{증 시 이 위 효 호}	일찍이 이런 것을 효라고 하였던가?"

色: 빛 색, 색, 안색, 얼굴 표정

色難: 온화한 얼굴 표정을 보이기가 어렵다

有事: 일이 있으면(생기면)

弟子: 젊은이

服: 옷 복, 맡다, 담당하다

勞: 수고할 로

酒: 술 주

食: 밥 사, 밥, 음식

酒食: 술과 음식

先生: 먼저 태어난 사람, 부형(父兄), 어른

饌: 음식 찬

曾: 일찍 증, 이전에, 일찍이

제9장

子曰
자왈
吾與回로 言終日에
오 여 회   언 종 일
不違如愚러니
불 위 여 우
退而省其私한 대
퇴 이 성 기 사
亦足以發하나니
역 족 이 발
回也不愚로다
회 야 불 우

공자께서 말씀하셨다.

"내가 회(回)와 함께 종일토록 이야기해도

어기지 않아 마치 우둔한 듯하더니,

물러간 뒤에 그의 사생활을 살펴보니,

역시 말한 대로 착실히 실천하고 있으니

회(回)는 결코 우둔한 사람이 아니로다."

回: 공자의 수제자(首弟子), 성(姓)은 안(顔), 이름은 회(回), 字는 자연(子淵)

與回: 회(回)와 함께

言: 말씀 언, 이야기하다

終日: 하루종일

不違: 어기지 않다

如愚: 마치 바보같은, 우둔한 듯, 어리석은 듯

退: 물러날 퇴

省: 살필 성, 살피다, 돌이켜보다

私: 사 사, 개인적인, 사적인

省其私: 그의 사생활을 살펴봄

足以: 충분히, 족히, 착실히

不愚: 어리석지 않다, 우둔하지 않다, 바보가 아니다

▌제15장 ▌

子曰 자 왈	공자께서 말씀하셨다.
學而不思則罔하고 학 이 불 사 즉 망	"배우기만 하고 생각하지 않으면 〈이치에〉 어둡고,
思而不學則殆니라 사 이 불 학 즉 태	생각만 하고 배우지 않으면 〈독단에 빠져〉 위태롭다."

思: 생각 사

罔: 그물 망, 무지한 모양, 어둡고 답답함

殆: 위태로울 태, 위태롭다, 위험하다

▌제17장 ▌

子曰 자 왈	공자께서 말씀하셨다.
由아 유	"유(由)야,
誨女知之乎인저 회 여 지 지 호	너에게 아는 것에 대해 가르쳐 주겠다.
知之爲知之요 지 지 위 지 지	아는 것은 안다고 하고
不知爲不知 是知也니라 부 지 위 부 지 시 지 야	모르는 것은 모른다고 하는 것 이것이 아는 것이다."

由: 공자의 제자, 성(姓)은 중(仲), 이름은 유(由), 자(字)는 자로(子路)

誨: 가르칠 회

女: 계집 녀, 딸 녀, 너 여

知之爲知之: 아는 것을 안다고 하다.

不知爲不知: 모르는 것은 모른다고 하다.

是知也: 이것이 아는 것이다.

▌제18장▐

子張이 學干祿한대 _{자 장　학 간 록}	자장이 녹을 구하는 법을 배우고자 하니,
子曰 _{자 왈}	공자께서 말씀하셨다.
多聞闕疑요 _{다 문 궐 의}	"많이 듣고서 의심스러운 것은 빼놓고,
愼言其餘則寡尤며 _{신 언 기 여 즉 과 우}	그 나머지를 삼가서 말하면 허물이 적을 것이며,
多見闕殆요 _{다 견 궐 태}	많이 보고서 위태로운 것을 빼놓고,
愼行其餘則寡悔니 _{신 행 기 여 즉 과 회}	그 나머지를 삼가서 행하면 후회할 일이 적을 것이니,
言寡尤하며 _{언 과 우}	말에 허물이 적고
行寡悔면 _{행 과 회}	행동에 후회할 일이 적으면
祿在其中矣니라 _{록 재 기 중 의}	녹(祿)은 그 가운데 있는 것이다,"

子張: 진나라 사람으로 공자의 제자, 성은 전손(顓孫), 이름은 사(師),
　　자(字)는 자장(子張)

祿: 녹 록, 관리의 봉급, 녹, 녹봉

多: 많을 다

聞: 들을 문

闕: 빠질 궐, 궐할 궐

疑: 의심할 의

愼: 삼갈 신

餘: 남을 여

寡: 적을 과

尤: 허물 우

見: 볼 견

殆: 위태로울 태, 위험하다

行: 걸을 행, 행동, 행실

悔: 뉘우칠 회, 후회하다

제24장

子曰
자 왈
非其鬼而祭之는
비 기 귀 이 제 지

諂也요
첨 야
見義不爲는 無勇也니라
견 의 불 위   무 용 야

공자께서 말씀하셨다.

"제사 지낼 귀신이 아닌데

제사 지내는 것은,

아첨하는 것이요,

의로운 일을 보고도 행하지 않는 것은,

용기가 없는 것이다."

其鬼: 자기가 모셔야 할 귀신

祭之: 제사 지내다

諂也: 아첨하다

見義不爲: 옳은 일을 보고도 실행하지 않음

無勇也: 용기가 없는 것이다

▌제1장 ▌

孔子謂季氏하사되 공 자 위 계 씨	공자께서 계씨(季氏)를 두고 평하여 말씀하셨다.
八佾로 팔 일	"팔일무(八佾舞)를
舞於庭하니 무 어 정	자기 집 마당에서 추게 하니,
是可忍也면 시 가 인 야	이런 무엄한 일을 차마 할 수 있다면,
孰不可忍也리오 숙 불 가 인 야	무슨 일인들 차마 하지 못하겠는가?"

謂: 이를 위, 말하다, 일컫다, …라고 일컫다

季氏: 노나라의 대부(大夫), 계손씨(季孫氏)

佾: 춤출 일

八佾: 팔일무(八佾舞): 8명이 8열로 64명이 추는 춤(황제만이 할 수 있음)

舞: 춤출 무

庭: 뜰 정, 뜰, 뜨락, 가정

是: 옳을 시, 이, 이것

忍: 참을 인, 참다, 모질게(차마) …하다

孰: 누구 숙, 누구, 어느, 무엇

제4장

林放이
임 방
問禮之本한대
문 예 지 본
子曰
자 왈
大哉라 問이여
대 재 문
禮는 與其奢也론
예 여 기 사 야
寧儉이요
영 검
喪은 與其易也론
상 여 기 이 야
寧戚이니라
영 척

임방(林放)이,
예(禮)의 근본에 대해 묻자,
공자께서 말씀하셨다.
"참 훌륭한 질문이구나!
예(禮)는, 사치하기보다는
차라리 검소해야 하고,
상(喪)은, 형식적으로 잘 치르기보다는
차라리 슬퍼해야 한다."

林放: 노나라 사람

問: 물을 문

禮: 예 례, 예, 의식, 예식

本: 밑 본, 근본, 기초

奢: 사치할 사

寧: 편안할 녕

儉: 검소할 검, 검소하다, 검약하다

喪: 복 입을 상, 상, 장의, 죽은 사람에 관한 일

易: 바꿀 역, 주역 역, 쉬울 이, 다스릴 이

戚: 겨레 척, 슬퍼할 척

與其 …寧: …하느니보다 차라리 …함이 낫다

易: 다스림, 형식적으로 잘 치름

▌제12장 ▐

祭如在하시며 _{제 여 재}	공자께서 조상께 제사 지내실 적에는, 마치 조상이 앞에 계신 듯이 하시고,
祭神如神在러시다 _{제 신 여 신 재}	신(神)에게 제사 지낼 적에는, 마치 신(神)이 앞에 있는 듯이 하셨다.
子曰 _{자 왈} 吾不與祭면 _{오 불 여 제} 如不祭니라 _{여 부 제}	공자께서 말씀하셨다. "내가 제사에 참여하지 않으면, 제사 지내지 않은 것과 같다."

祭: 제사 지낼 제, 제사 지내다

如: 같을 여, 마치 …와 같다

在: 있을 재, …에 있다, 존재하다

神: 귀신 신, 신, 귀신, 신령

如神在: 마치 신이 앞에 있는 듯이

與: 참여할 여, 참여하다, 참가하다

不與祭: 제사에 참여하지 않다.

如不祭: 제사 지내지 않은 것과 같다.

王孫賈問曰 _{왕 손 가 문 왈}	왕손가(王孫賈)가 공자께 물었다.
與其媚於奧론 _{여 기 미 어 오}	"안방 신주에게 잘 보이기 보다는,
寧媚於竈라하니 _{영 미 어 조}	차라리, 부뚜막 신주에게 잘 보이는 것이 낫다. 라고 하는것은
何謂也잇고 _{하 위 야}	무슨 말입니까?" 라고하니
子曰 _{자 왈}	공자께서 말씀하셨다.
不然하다 _{불 연}	"그렇지 않소.
獲罪於天이면 _{획 죄 어 천}	하늘에 죄를 지으면
無所禱也니라 _{무 소 도 야}	빌 곳이 없소."

王孫賈: 위(衛)나라의 대부, 성은 왕손(왕손), 이름은 가(가), 위나라 영공(靈公) 밑에서 군권(軍權)을 쥐고 있었음.

媚: 아첨할 미, 아첨하다, 비위를 맞추다 奧: 깊을 오, 안, 속, 내부

媚於奧: 안방 신주에게 아첨하다(잘 보이다)

竈: 부엌 조, 부뚜막, 조신(竈神)

媚於竈: 부뚜막 신주에게 잘 보이다

何: 어찌 하, 무엇, 무슨, 어떤

謂: 이를 위, 말하다, 밀컫다

然: 그러할 연, 맞다, 그렇다

不然: 그렇지 않다

獲: 얻을 획, 얻다, 획득하다

罪: 허물 죄, 죄, 범죄

於: 어조사 어, 에, 에게, …에서, …에게

天: 하늘 천

所: 바 소, 장소, 곳

禱: 빌 도, 기도하다, 빌다

▌제15장 ▌

子入大廟하사 자 입 태 묘	공자께서 태묘에 들어가시면
每事問하신대 매 사 문	모든 일을 물으셨다.
或이日 혹 왈	어떤 사람이 말하기를,
孰謂鄹人之子를 숙 위 추 인 지 자	"누가 추(鄹)나라 사람의 아들을 일러
知禮乎아 지 례 호	예(禮)를 안다고 하였는가?
入大廟하여 입 태 묘	태묘에 들어가면
每事를問이온여 매 사 문	모든 일을 묻고 있는데..."
子聞之하시고 자 문 지	공자께서 그 말을 들으시고
日 是禮也니라 왈 시 례 야	말씀하셨다. "이것이 바로 예(禮)입니다."

大廟: 나라의 시조를 모신 사당

鄹人之子: 추나라 사람의 아들

제17장

子貢이　　　　　　자공(子貢)이
자 공
欲去告朔之餼羊한 대　초하루를 고(告)하는 제사에 바치는
욕 거 곡 삭 지 희 양
　　　　　　　　　　희생 양(羊)을 없애려고 하자,

子曰　　　　　　　공자께서 말씀하셨다.
자 왈
賜也아　　　　　　"사(賜)야,
사 야
爾愛其羊가　　　　너는 그 양(羊)을 아끼느냐?
이 애 기 양
我愛其禮하노라　　나는 그 예(禮)를 소중히 여긴다."
아 애 기 례

欲: 하고자 할 욕, 욕망, 욕구, 하고싶어 하다, 원하다

去: 갈 거, 제거하다, 없애다

告朔: 곡삭, 초하루에 고(告)하는 제사

餼羊: 희생양(犧牲羊)

爾: 너 이, 너, 그대

愛: 사랑 애, 사랑하다, 아끼다, 소중히 하다

羊: 양 양, 양

我: 나 아, 나, 저, 우리

▌제18장 ▌

子曰
자 왈
事君盡禮를
사 군 진 례
人以爲諂也로다
인 이 위 첨 야

공자께서 말씀하셨다.
"임금을 섬기는데 예(禮)를 다하는 것을
사람들은 아첨한다고 하는구나."

事: 일 사, 일, 작업, 모시다, 섬기다

君: 임금 군, 군주, 임금, 그대, 당신 盡: 다할 진, 다하다, 다 없어지다

爲: 행할 위, 하다, 행하다

諂: 아첨할 첨, 아첨하다, 비위를 맞추다

爲諂: 아첨하다

▌제19장 ▌

定公이 問
정 공   문
君使臣하며
군 사 신
臣事君하되
신 사 군
如之何잇고
여 지 하
孔子對曰
공 자 대 왈
君使臣以禮하며
군 사 신 이 례
臣事君以忠이니이다
신 사 군 이 충

정공이 물었다.
"임금이 신하를 부리고,
신하가 임금을 섬기는데,
어떻게 해야 합니까?"
공자께서 대답하셨다.
"임금은 신하를 예(禮)로써 부려야 하며,
신하는 임금을 忠으로써 섬겨야 합니다."

定公: 노나라의 군주로서 양공(襄公)의 아들. 이름은 송(宋), 시호는 정(定)

使: 부릴 사

臣: 신하 신

忠: 충성할 충, 충성, 충성심, 충성을 다하다

▌제20장 ▌

子曰
자 왈
關雎는
관 저
樂而不淫하고
락 이 불 음
哀而不傷이니라
애 이 불 상

공자께서 말씀하셨다.

"「시경(詩經)」의 관저(關雎)편은,

즐거우면서도 지나치지 않고,

슬프면서도 마음을 상하게 하지 않는다."

樂: 즐거울 락

淫: 방탕할 음, 지나치다, 과도하다

哀: 슬플 애, 슬프다, 애달프다

傷: 다칠 상, 상하다, 다치다

關雎: 시경(時經) 국풍(國風) 주남(周南)의 첫 편

「끼룩끼룩 우는 저 징경이

 강가 모래섬에 있네.

 정숙하고 아리따운 아가씨는

 군자의 좋은 배필일세.」

關關雎鳩 在河之州
관 관 저 구　재 하 지 주

窈窕淑女 君子好逑
요 조 숙 녀　군 자 호 구

關: 관계할 관

雎鳩: 물수리, 징경이

在: 있을 재

河: 물이름 하, 강, 하천

州: 고을 주, 마을, 고을, 강하류에 만들어진 삼각주

窈窕淑女: 고상하고 정숙하며 아름다운 여성

君子好逑: 군자의 좋은 배필(짝)

제26장

子曰
자 왈

居上不寬하며
거 상 불 관

爲禮不敬하며
위 례 불 경

臨喪不哀면
임 상 불 애

吾何以觀之哉리오
오 하 이 관 지 재

공자께서 말씀하셨다.

"윗자리에 있으면서 너그럽지도 않고

예(禮)를 행함에 공경스럽지도 않으며

상(喪)에 임하여 슬퍼하지도 않는다면

내 무엇으로 그 사람을 관찰하겠는가?"

居: 살 거, 살다, 거주하다, 있다

上: 위 상, 위, 상위

寬: 너그러운 관, 너그럽다, 관대하다

敬: 공경할 경

臨: 임할 임

觀: 볼 관, 보다, 관점

第 4篇 里仁(이인)

▌제5장 ▌

子曰 자 왈	공자께서 말씀하셨다.
富與貴 是人之所欲也나 부 여 귀 시 인 지 소 욕 야	"부(富)와 높은 지위는, 사람이라면 누구나 바라는 바이지만,
不以其道로 得之어든 불 이 기 도 득 지	정상적인 방법으로 얻은 것이 아니라면,
不處也하며 불 처 야	누리지 말아야 하며,
貧與賤이 빈 여 천	가난하고 비천한것은,
是人之所惡也나 시 인 지 소 오 야	사람이라면 누구나 싫어하는 바이지만,
不以其道로 得之라도 불 이 기 도 득 지	정상적인 방법으로 얻지 않았더라도
不去也니라 불 거 야	버리지 않아야 한다.
君子去仁이면 군 자 거 인	군자가 인(仁)을 버리고서야,
惡乎成名이리오 오 호 성 명	어찌 이름을 이룰 수 있겠는가?
君子無終食之間을 군 자 무 종 식 지 간	군자는 식사를 끝내는 잠깐 동안이라도,
違仁이니 위 인	인(仁)을 어기는 법이 없으니,
造次에 조 차	다급한 상황에도
必於是하며 필 어 시	반드시 인(仁)에 의지해야 하며
顚沛에 전 패	엎어지고 자빠지는 위급한 순간에도
必於是니라 필 어 시	반드시 인(仁)을 지켜야 한다."

富與貴: 부유함과 귀함

以其道: 정당한 방법으로

處: 곳 처, 살다, 거주하다, 사귀다, 처하다

貧與賤: 빈곤함과 천함惡: 어찌 오, 어찌, 어떻게

終食之間: 식사를 마칠 때까지의 시간

違: 어길 위

造次: 짧은 시간, 아주 급작스러운 때

顚沛: 엎어지고 자빠짐

▌제8장 ▌

子曰 자 왈 朝聞道면 조 문 도 夕死라도 석 사 可矣니라 가 의	공자께서 말씀하셨다. "아침에 도(道)를 듣고 깨달으면 저녁에 죽어도 괜찮다."

朝: 아침 조, 아침, (하루)날

聞: 들을 문, 듣다, 소식, 소문

道: 길 도, 길, 방향, 방법, 도리

夕: 저녁 석, 저녁 때, 해질녘, 밤

死: 죽을 사, 죽다, 그치다, 버리다

可: 옳을 가, 좋다, 괜찮다

▌제9장 ▌

子曰
_{자 왈}
士志於道
_{사 지 어 도}
而恥惡衣惡食者는
_{이 치 악 의 악 식 자}

未足與議也니라
_{미 족 여 의 야}

공자께서 말씀하셨다.

"선비가 도(道)에 뜻을 두고서

나쁜 옷을 입고 거친 음식을 먹는 것을
부끄러워한다면,

더불어 의논할 상대가 되지 못한다."

士: 선비 사

志: 뜻 지, 뜻, 의지, 소망, 목표

恥: 부끄럼 치, 부끄러움, 수치, 부끄럽다

惡: 모질 악, 악하다, 나쁘다

衣: 옷 의, 옷, 의복

食: 먹을 식, 먹다, 밥을 먹다, 식사를 하다

足: 발 족, 발, 다리, 충분하다, 넉넉하다, 족하다

與: 더불 여, 어울리다, …함께, …과(와)

議: 의논할 의, 의견, 주장, 의논하다

제11장

子曰
자 왈
君子는
군 자
懷德하고
회 덕
小人은
소 인
懷土하며
회 토
君子는
군 자
懷刑하고
회 형
小人은
소 인
懷惠니라
회 혜

공자께서 말씀하셨다.

"군자(君子)는

덕(德)을 생각할 때

소인(小人)은

편안히 살 곳[땅]을 생각하며,

군자(君子)는

형벌을 생각할 때

소인(小人)은

혜택을 생각한다."

懷: 품을 회, 품, 마음

德: 덕 덕, 덕, 도덕

土: 흙 토, 흙, 토양, 땅, 토지, 고향

刑: 형벌 형, 형, 형벌, 법

惠: 은혜 혜, 은혜

제14장

子曰
자 왈
不患無位요
불 환 무 위
患所以立하며
환 소 이 립
不患莫己知요
불 환 막 기 지
求爲可知也니라
구 위 가 지 야

공자께서 말씀하셨다.

"지위가 없다고 걱정할 것이 아니라,

지위에 설 자격이 있는지를 걱정하며,

자기를 알아주지 않음을 걱정하지 말고

알아줄 수 있게 되기를 구(求)해야 한다."

患: 근심 환, 걱정(하다), 근심(하다), 염려(하다)

位: 자리 위, 자리, 지위, 직위

立: 설 립, 서다, 세우다

莫: 없을 막, …않다, …못하다

求: 구할 구, 구하다, 추구하다, 탐구하다

爲: 행할 위, 하다, 행하다, …이 되다, …은 …이다

▌제16장 ▌

子曰 자 왈	공자께서 말씀하셨다.
君子는 군 자	"군자(君子)는
喩於義하고 유 어 의	의(義)로움에 대해 잘 알고
小人은 소 인	소인(小人)은
喩於利니라 유 어 리	이(利)로움에 대해 잘 안다."

喩: 깨우칠 유, 깨우치다, 알려주다, 비유하다

▌제17장 ▌

子曰 자 왈	공자께서 말씀하셨다.
見賢思齊焉하며 견 현 사 제 언	"어진이를 보면 그와 닮기를 생각하며
見不賢而內自省也니라 견 불 현 이 내 자 성 야	어질지 못한 이를 보면 속으로 스스로 반성해야 한다.

見: 볼 견, 보다, 만나다

賢: 어질 현, 현명하다, 어질고 덕망이 높다

思: 생각 사, 생각하다, 고려하다

齊: 가지런할 제, 가지런하다, 고려하다

焉: 어찌 언, 어떻게, 어찌內: 안 내, 안, 안쪽, 속, 내부

自: 몸 자, 자기, 자신, 몸소, 친히, 스스로

省: 살필 성, 반성하다, 성찰하다, 돌이켜보다

▌제18장 ▌

子曰 자 왈	공자께서 말씀하셨다.
事父母하되 사 부 모	"부모를 섬기되
幾諫이니 기 간	허물이 있으면 은근히 간(諫) 해야 하니,
見志不從하고 견 지 부 종	내뜻을 따르지 않을 것 같아 보여도
又敬不違하며 우 경 불 위	더욱 공경하고 어기지 아니하며
勞而不怨이니라 노 이 불 원	수고롭더라도 원망하지 않아야 한다."

事: 일 사, 모시다, 섬기다, 일, 사고

幾: 거의 기, 거의, 기미, 조짐

諫: 간할 간, 간언하다, 잘못을 고치도록 말하다

幾諫: 슬며시 거슬리지 않게 간함, 완곡하게 간해 올림

從: 좇을 종, 좇다, …을 따르다

又: 또 우, 또, 다시, 더하여

敬: 공경할 경, 존경하다, 공경하다

違: 어길 위, 어기다

勞: 수고할 로, 일하다, 노동하다

怨: 원망할 원, 원한, 원망하다

| 子曰
자 왈
父母在어시든
부 모 재
不遠遊하며
불 원 유
遊必有方이니라
유 필 유 방 | 공자께서 말씀하셨다.
"부모님이 살아 계실 때는
멀리 놀러 가지 않아야 하며,
놀 때는 필히 정해진 곳이 있어야 한다." |

在: 있을 재, 존재하다, 생존하다

遠: 멀 원, 멀다

遊: 놀 유, 놀다, 여행하다

必: 반드시 필, 반드시, 꼭

方: 모 방, 쪽, 편, 측, 곳, 지방

| 子曰
자 왈
父母之年은
부 모 지 년
不可不知也니
불 가 부 지 야
一則以喜요
일 즉 이 희
一則以懼니라
일 즉 이 구 | 공자께서 말씀하셨다.
"부모님의 나이는,
알지 않을 수 없다.
한편으로는 〈오래 사셔서〉 기쁘고
한편으로는 〈사실 날이 많지 않아〉
두렵기 때문이다. |

年: 해 년, 해, 년, 나이, 연령

喜: 기쁠 희, 기쁨, 경사, 기쁘다, 즐겁다.

懼: 두려워 할 구, 두려워하다, 겁내다

▌제24장 ▌

子曰 자 왈 君子는 ZZZ欲訥於言 군 자　　　욕 눌 어 언 而敏於行이니라 이 민 어 행	공자께서 말씀하셨다. "군자는 말을 함에는 어눌하지만, 행동은 민첩하고자 해야 한다."

欲: 하고자 할 욕, 욕망, 욕구, 바라다, 하고 싶어 하다

訥: 말 더듬을 눌, 말을 더듬다, 떠듬떠듬 말하다

敏: 민첩할 민, 신속하다, 민첩하다

行: 걸을 행, 행위, 행동, 하다, 실행하다

제25장

子曰
_{자 왈}
德不孤라
_{덕 불 고}
必有隣이니라
_{필 유 린}

공자께서 말씀하셨다.
"덕(德)이란 외롭지 않아서
반드시 이웃이 있다."

孤: 외로울 고, 고독하다, 외롭다

隣: 이웃 린, 이웃

第5篇 公冶長(공야장)

▌제9장 ▌

宰予晝寢이어늘
재여 주 침

재여(宰予)가 낮잠을 자고 있으니,

子曰
자 왈

공자께서 말씀하셨다.

朽木은
후 목

"썩은 나무에는

不可雕也요
불 가 조 야

조각을 할 수 없고,

糞土之墻은
분 토 지 장

더러운 흙으로 쌓은 담장은

不可杇也니
불 가 오 야

흙손질을 할 수 없으니,

於予與에
어 여 여

재여 같은 사람을

何誅리오
하 주

꾸짖어 무엇하겠는가?"

子曰
자 왈

공자께서 또, 말씀하셨다.

始吾於人也에
시 오 어 인 야

"처음에는 내가 사람을 대할 때,

聽其言而信其行이러니
청 기 언 이 신 기 행

그의 말을 듣고 그의 행실을 믿었는데,

今吾於人也에
금 오 어 인 야

이제 나는 사람을 대할 때,

聽其言而觀其行하노니
청 기 언 이 관 기 행

그의 말을 듣고 그의 행실을 살피게
되었으니,

於予與에
어 여 여

재여 같은 사람 때문에,

改是로라
개 시

이렇게 고치게 되었다."

宰予: 공자의 제자

晝寢: 낮에 잠자는 것 朽木: 썩은 나무

雕: 새길 조, 새기다, 조각하다

糞土: 더러운 흙, 거름 흙

墻: 담 장, 벽, 담, 울타리

杇: 흙손 오, 흙 손, 흙손으로 바르다, 흙손질하다

於予與: 재여 같은 사람에 대하여

誅: 벨 주, 죽이다, 꾸짖다, 책망하다

始: 처음 시, 처음, 최초, 시작, 비로소

聽: 들을 청, 듣다

觀: 볼 관, 보다, 구경하다, 모습, 관점

改是: 이렇게 고치다, 이렇게 바꾸다

▌ 제15장 ▐

子謂子産하사되 _{자 위 자 산}	공자께서 자산(子産)을 평하여 말씀하셨다.
有君子之道四焉하니 _{유 군 자 지 도 사 언}	"군자의 도리 네 가지를 갖추고 있었으니,
其行己也恭하며 _{기 행 기 야 공}	자기 자신의 행동이 공손하며,
其事上也敬하며 _{기 사 상 야 경}	윗사람을 섬김에 공경스러우며,
其養民也惠하며 _{기 양 민 야 혜}	백성을 보호하고 먹여 살림이 은혜로우며,
其使民也義니라 _{기 사 민 야 의}	백성을 부릴 때는 올바른 도리로 하였다."

子産: 정나라의 재상, 성은 공손(公孫), 이름은 교(僑), 자는 자산(子産) 임.

行己: 자기의 몸가짐, 행실, 처신

恭: 공손할 공, 공손하다

事上: 윗사람을 섬기다.

敬: 공경할 경, 존경하다, 공경하다

養民: 백성을 보호하고 먹여살림

惠: 은혜 혜, 은혜, 은혜를 베풀다

使民: 백성을 부림, 백성들에게 일을 시킴

義: 옳을 의, 정의, 올바른 도리

▌제20장 ▌

子曰 _{자 왈}	공자께서 말씀하셨다.
甯武子邦有道則知하고 _{영 무 자 방 유 도 즉 지}	"영무자(甯武子)는, 나라에 도(道)가 있을 때는 지혜로웠고,
邦無道則愚하니 _{방 무 도 즉 우}	나라에 도(道)가 없을 때는 우직하였으니,
其知는 _{기 지}	그 지혜는,
可及也어니와 _{가 급 야}	따라 할 수 있으나,
其愚는 _{기 우}	그 우직함은
不可及也니라 _{불 가 급 야}	따라 하지 못할 것이다."

甯武子: 위나라의 대부(大夫), 성은 녕(甯), 무(武)는 시호, 이름은 유
　　　(兪)이다.

邦: 나라 방, 나라, 국가

知: 알 지, 지식, 학식, 학문, 지혜

可及也: 따라갈 수 있다, 좇아갈 수 있다

愚: 어리석을 우, 어리석다, 우둔하다

不可及也: 따라갈 수 없다, 따라가지 못할 것이다.

▌제24장 ▌

子曰 자 왈 巧言令色足恭을 교 언 영 색 주 공	공자께서 말씀하셨다. "말을 듣기 좋게 하고, 표정을 보기 좋게 꾸미며, 지나치게 공손한 척하는 것을
左丘明이 恥之러니 좌 구 명 치 지 丘亦恥之하노라 구 역 치 지 匿怨而友其人을 익 원 이 우 기 인 左丘明이 恥之러니 좌 구 명 치 지 丘亦恥之하노라 구 역 치 지	좌구명(左丘明)이 부끄럽게 여겼는데, 나(丘) 역시, 그것을 부끄럽게 여긴다. 원망을 감추고 그 사람과 벗 삼는 것을, 좌구명(左丘明)이 부끄럽게 여겼는데, 나(丘) 역시, 그것을 부끄럽게 여긴다."

足恭: 지나치게 공손함

左丘明: 노나라의 태사(太史)

恥: 부끄럼 치

丘: 공자의 이름, 공구(孔丘), 자는 중니(仲尼)

亦: 또한 역, …도 역시, 또, 또한

匿: 숨길 닉, 감추다, 숨기다

▌제25장 ▌

顔淵季路侍러니 _{안 연 계 로 시}	안연과 계로가 공자를 모시고 있었는데,
子曰 _{자 왈}	공자께서 말씀하셨다.
盍各言爾志오 _{합 각 언 이 지}	"어찌, 각자 품은 뜻을 말하지 않는가?"
子路曰 _{자 로 왈}	자로가 말하였다.
願車馬와 衣輕裘를 _{원 거 마 의 경 구}	"수레와 말과 가벼운 갖옷을,
與朋友共하여 _{여 붕 우 공}	벗들과 함께 쓰다가,
敝之而無憾하노이다 _{폐 지 이 무 감}	낡고 해지더라도 유감이 없고자 합니다."
顔淵曰 _{안 연 왈}	안연이 말하였다.
願無伐善하며 _{원 무 벌 선}	"잘한 일을 자랑하지 않으며,
無施勞하노이다 _{무 시 로}	힘든 일은 남에게 시키지 않겠습니다."
子路曰 _{자 로 왈}	자로가 말하였다.
願聞子之志하노이다 _{원 문 자 지 지}	"선생님의 뜻을 듣고 싶습니다." 하니
子曰 _{자 왈}	공자께서 말씀하셨다.
老者를 安之하며 _{노 자 안 지}	"늙은이를 편안하게 해주고,
朋友를 信之하며 _{붕 우 신 지}	벗들을 미덥게 해주며,
少者를 懷之니라 _{소 자 회 지}	젊은이를 감싸 주고 싶다."

季路: 자로(子路), 중유(仲由)

侍: 모실 시, 모시다, 시중들다

盍: 어찌 아니할 합, 어찌, 왜, 어찌 …않는가 爾: 너 이, 너, 그대

車馬: 수레와 말

衣輕裘: 의복共: 함께 공, 함께, 같이, 공동으로

敝: 피폐할 폐, (옷이)해지다, 낡다, 헐다

憾: 한할 감, 실망, 불만, 유감

伐: 스스로 자랑하다, 뽐내다, 으스대다

勞: 수고할 로, 수고를 끼치다

子之志: 선생님의 뜻

老者: 늙은이

安之: 편안하게 해주다

朋友: 벗, 친구

信之: 믿게 해주다

少者: 젊은이

懷之: 품어주다, 감싸주다

▮ 제2장 ▮

哀公이 _{애 공}	애공(哀公)이,
問弟子孰爲好學이니잇고 _{문 제 자 숙 위 호 학}	"제자 중에 누가 배움을 좋아합니까?" 하고 물으니
孔子對日 _{공 자 대 왈}	공자께서 대답하셨다.
有顔回者好學하여 _{유 안 회 자 호 학}	"안회(顔回)라는 자가 있어 배움을 좋아하여
不遷怒하며 _{불 천 노}	노여움을 남에게 옮기지 않으며
不貳過하더니 _{불 이 과}	잘못을 두 번 되풀이 하지 않았는데,
不幸短命死矣라 _{불 행 단 명 사 의}	불행하게도 명(命)이 짧아 죽었습니다.
今也則亡하니 _{금 야 즉 무}	이제는 없으니,
未聞好學者也니이다 _{미 문 호 학 자 야}	아직 배움을 좋아한다는 자를 들어보지 못했습니다."

哀公: 노나라 임금, 이름은 장(蔣), 애(哀)는 시호

孰: 누구 숙, 누구, 어느, 무엇

對: 대답할 대, 대답하다, …에 대하여

顔回: 노나라 사람, 공자의 수제자

遷: 옮길 천, 옮기다, 이사하다

137

怒: 성낼 노, 격노하다, 분노하다

不遷怒: 노여움을 남에게 옮기지 아니함

不貳過: 잘못을 두 번 되풀이 하지 않음

過: 지날 과, 허물, 실수

幸: 다행 행, 다행, 요행

短: 짧을 단, 허물, 결점

命: 목숨 명, 운명, 목숨, 명령

亡: 잃을 망, 없을 무(無)와 같이 씀

今也則亡: 지금은 이 세상에 없음

▌제9장 ▌

子曰 _{자 왈}	공자께서 말씀하셨다.
賢哉라 回也여 _{현 재　　回 야}	"어질도다, 회(回)여!
一簞食와 _{일 단 사}	한 그릇의 밥과
一瓢飮으로 _{일 표 음}	한 바가지의 물로
在陋巷을 _{재 루 항}	누추한 골목에 살게 되면
人不堪其憂어늘 _{인 불 감 기 우}	사람들은 그 괴로움을 감당하지 못하는데,
回也不改其樂하니 _{회 야 불 개 기 락}	회(回)는 그것을 즐거움으로 여겨 바꾸려 하지 않으니,
賢哉라 回也여 _{현 재　　回 야}	어질도다, 회(回)여!"

賢哉: 어질도다

回: 안회(顏回)

簞: 대그릇 단

一簞食: 한 그릇의 밥

瓢: 표주박 표

一瓢飮: 한바가지 의 물

陋巷: 누추한 골목

堪: 견딜 감

改: 바꿀 개

▌제10장 ▌

冉求曰 _{염 구 왈}	염구(冉求)가 말하였다.
非不說子之道언마는 _{비 불 열 자 지 도}	"선생님의 도를 좋아하지 않는 것은 아니지만
力不足也로이다 _{역 부 족 야}	저는 힘이 부족합니다."
子曰 _{자 왈}	공자께서 말씀하셨다.
力不足者는 _{역 부 족 자}	"힘이 부족한 사람은
中道而廢하나니 _{중 도 이 폐}	해보다가 중도에 그만두게 마련인데
今女는 畫이로다 _{금 여 획}	지금 너는 미리 금을 긋고 있구나."

冉求: 염유(冉有), 공자의 제자

說: 기뻐할 열 (悅과 같음)

力: 힘 력

力不足: 힘이 부족함

廢: 못쓰게 될 폐, 포기하다, 그만두다

中道而廢: 도중에 그만둠, 도중에 포기함

女: 너 여, 너, 그대 (汝와 같음)

畫: 그을 획, 그을, 가를

▌제16장▐

子曰 자 왈 質勝文則野요 질 승 문 즉 야 文勝質則史니 문 승 질 즉 사 文質이 彬彬然後에 문 질 빈 빈 연 후 君子니라 군 자	공자께서 말씀하셨다. "바탕이 겉모양보다 나으면 촌스럽고, 겉모양이 바탕보다 나으면 실속이 없다. 겉모양과 바탕이 잘 어우러진 다음에야 군자(君子)인 것이다."

質: 바탕 질, 바탕, 근본, 내용

勝: 이길 승, 이기다, 훌륭하다, 두드러지다

文: 글월 문, 채색 문, 무늬, 겉차림

野: 들 야, 촌스러울 야, 촌티가 나다, 세련되지 못함

史: 호화스럽다, 반지르르하다

文質彬彬: 형식과 바탕이 잘 어우러져 조화를 이룸

제18장

子曰
_{자 왈}
知之者 不如好之者요
_{지 지 자 불 여 호 지 자}

好之者 不如樂之者니라
_{호 지 자 불 여 락 지 자}

공자께서 말씀하셨다.

"도(道)를 아는 자는

그것을 좋아하는 자만 못하고,

도(道)를 좋아하는 자는

그것을 즐기는 자만 못하다."

知之者: 아는 자(사람)

不如: 같지 않다, …만 못하다

好之者: 좋아하는 자(사람)

樂之者: 즐기는 자(사람)

子曰 _{자 왈}	공자께서 말씀하셨다.
知者는 _{지 자}	"슬기로운 이는
樂水하고 _{요 수}	물을 좋아하고,
仁者는 _{인 자}	어진 이는
樂山이니 _{요 산}	산을 좋아한다.
知者는 _{지 자}	슬기로운 이는
動하고 _동	동(動)적이고,
仁者는 _{인 자}	어진 이는
靜하며 _정	정(靜)적이며,
知者는 _{지 자}	슬기로운 이는
樂하고 _낙	즐겁게 살고,
仁者는 _{인 자}	어진 이는
壽니라 _수	오래 산다."

知者: 슬기로운 자, 지혜로운 자

樂: 풍류 악, 즐길 락, 좋을 요

仁者: 어진 자, 인자한 사람

動: 움직일 동

靜: 고요할 정

壽: 목숨 수, 나이, 목숨, 장수

▌제25장 ▐

子曰
자 왈
君子博學於文이요
군 자 박 학 어 문
約之以禮면
약 지 이 례
亦可以弗畔矣夫인저
역 가 이 불 반 의 부

공자께서 말씀하셨다.

"군자(君子)로서 널리 글을 배우고

예(禮)로써 몸가짐을 단속한다면

또한, 도(道)에 어긋나지 않을 것이다."

博: 넓을 박, 많다, 아는 것이 많다

約: 약속 약, 요약, 절약, 줄이다

亦: 또한 역, …도 역시, 또, 또한

弗: 아닐 불, …하지 않다 ('不'보다 의미가 강함)

畔: 두둑 반, 어기다, 배반하다

▌제28장 ▐

子貢曰
자 공 왈
如有博施於民
여 유 박 시 어 민
而能濟衆이면
이 능 제 중
何如하니잇고
하 여
可謂仁乎잇가
가 위 인 호
子曰
자 왈
何事於仁이리오
하 사 어 인

자공이 말하였다.

"만일 백성들에게 널리 은혜를 베풀어

많은 사람을 구제할 수 있다면,

어떻습니까?

인(仁)하다고 할 수 있겠습니까?"

공자께서 말씀하셨다.

"어찌 인(仁)하다고만 하겠느냐?

必也聖乎인저
필야성호

반드시 성인(聖人)일 것이다.

堯舜도
요 순

요(堯)임금, 순(舜)임금도

其猶病諸시니라
기 유 병 저

오히려 걱정하였을 것이다.

夫仁者는
부 인 자

무릇 어진 사람은,

己欲立而立人하며
기 욕 립 이 립 인

자기가 서고자 하면 남도 서게 하고,

己欲達而達人이니라
기 욕 달 이 달 인

자기가 이르고자 하면 남도 이르게 해준다.

能近取譬면
능 근 취 비

가까운 것에서 취하여 비유하는 것이

可謂仁之方也已니라
가 위 인 지 방 야 이

인을 실천하는 방법이라 할 수 있다.”

子貢: 공자의 제자

如: 같을 여, 만일, 만약, 또는, 혹은

施: 베풀 시, 시행하다, 베풀다 濟: 건널 제, 건너다, 돕다, 구제하다

衆: 무리 중, 많다, 많은 사람

聖: 성스러울 성, 성스럽다, 성인

堯舜: 하 왕조 이전의 성천자(聖天子)들

猶: 오히려 유

病: 병 병, 근심하다, 병나다, 앓다

欲: 하고자 할 욕, 욕망, 욕구, 원하다

立: 설 립, 서다, 세우다

達: 통달할 달, 이르다, 출세하다

近: 가까울 근, 가까이하다, 친하다

取: 취할 취, 취할, 가질

譬: 비유할 비, 예, 비유

能近取譬: 가까운데서 취하여 비유함.

第7篇 述而(술이)

▌제1장 ▌

子曰 자 왈	공자께서 말씀하셨다.
述而不作하며 술 이 부 작	"옛것을 전술할 뿐 창작을 하지 않으며
信而好古를 신 이 호 고	옛것을 믿고 좋아함을
竊比於我老彭하노라 절 비 어 아 노 팽	내 슬며시 우리 노팽(老彭)에게 견주노라."

述: 말할 술, 선인(先人)의 말씀을 기술하다.

作: 지을 작, 창작하다, 글을 쓰다, 작품

竊: 훔칠 절, 훔치다, 남몰래, 슬그머니

比: 견줄 비, 비교하다, 겨루다

老彭: 은(殷)나라의 현명한 대부로 고사(古事)를 잘 기술했다고 함.
     노담(老聃)과 팽조(彭祖)임.

제3장

子曰
자 왈
德之不修와
덕 지 불 수
學之不講과
학 지 불 강
聞義不能徙하며
문 의 불 능 사
不善不能改가
불 선 불 능 개
是吾憂也니라
시 오 우 야

공자께서 말씀하셨다.

"덕(德)이 잘 닦아지지 않고,

배움이 제대로 강습(講習)되지 못하며,

의로움을 듣고도 실행에 옮기지 못하며,

착하지 못함을 잘 고치지 못하는 것,

이것이 바로 나의 걱정거리이다."

修: 닦을 수, 배워서 닦다, 도를 닦다, 학습하다

講: 이야기할 강, 강의하다, 논하다, 말하다

徙: 옮길 사, 옮기다, 이동하다

憂: 근심할 우, 걱정하다, 근심, 걱정, 우환

 제7장

子曰
자 왈
自行束脩以上은
자 행 속 수 이 상
吾未嘗無誨焉이로라
오 미 상 무 회 언

공자께서 말씀하셨다.

"육포 한 속 이상의 예를 갖춘 자에게는

내 일찍이 가르쳐주지 않은 적이 없다."

行: 걸을 행, 걷다, 가다, 실행하다, 하다

束: 묶을 속, 묶다, 매다, 묶음, 다발, 10개脩: 포 수, 말린 고기, 건 육

嘗: 맛볼 상, 맛보다, 겪다, 경험하다, 일찍이

誨: 가르칠 회, 가르치다

▎제9장 ▎

子食於有喪者之側에 _{자 식 어 유 상 자 지 측}	공자께서 상(喪)을 당한 자 곁에서 식사를 하실 적에는,
未嘗飽也러시다 _{미 상 포 야}	일찍이 배불리 드신 적이 없었다.
子於是日에 _{자 어 시 일}	공자께서는 이런 날에
哭則不歌러시다 _{곡 즉 불 가}	곡(哭)을 하시면 노래를 부르지 않으셨다.

喪: 복입을 상, 상, 장의, 죽은 사람에 관한 일

飽: 배부를 포, 배부르다, 속이 꽉차다

哭: 곡할 곡, (소리내어) 울다

歌: 노래 가, 노래, 가곡, 노래하다

제10장

子謂顔淵曰
자 위 안 연 왈

用之則行하고
용 지 즉 행

舍之則藏을
사 지 즉 장

惟我與爾有是夫인저
유 아 여 이 유 시 부

子路曰
자 로 왈

子行三軍이면
자 행 삼 군

則誰與시리잇고
즉 수 여

子曰
자 왈

暴虎馮河하여
포 호 빙 하

死而無悔者를
사 이 무 회 자

吾不與也니
오 불 여 야

必也臨事而懼하며
필 야 임 사 이 구

好謀而成者也니라
호 모 이 성 자 야

공자께서 안연(顔淵)에게 말씀하셨다.

"써주면 도(道)를 행하고,

버려지면 그대로 숨어 지내는 것을,

오직 나와 너만이 할 수 있을 것이다."

자로(子路)가 말하였다.

"선생님께서 삼 군을 거느리신다면

누구와 함께하시겠습니까?"

공자께서 말씀하셨다.

"맨손으로 호랑이를 때려잡으려 하고,

맨발로 걸어서 강을 건너려다가

죽어도 후회함이 없는 사람과는

내 함께하지 않을 것이니,

반드시라면 일에 임하여 두려워하며

도모하기를 좋아하여 성공할 수 있는

자라야 할 것이다."

用: 쓸 용, 쓰다, 고용, 임용

舍: 버릴 사, 버리다, 포기하다

藏: 감출 장, 숨다, 숨기다, 감추다

惟: 오직 유, 다만, 오로지

爾: 너 이, 너, 그대, 그것, 저것

暴: 사나울 포, 흉포하다, 맨주먹으로 치다

虎: 범 호, 범, 호랑이

馮: 걸어서 건널 빙

河: 물이름 하, 강, 하천, 황하

悔: 뉘우칠 회, 뉘우치다, 후회하다

▌제11장 ▌

子曰
자 왈

富而可求也인댄
부 이 가 구 야

雖執鞭之士라도
수 집 편 지 사

吾亦爲之어니와
오 역 위 지

如不可求인댄
여 불 가 구

從吾所好하리라
종 오 소 호

공자께서 말씀하셨다.

"부(富)라는 것을 구해서 될 일이라면,

비록, 채찍을 잡는 마부라도

내 또한, 하겠거니와

만약 구해서 될 일이 아니라면,

내가 좋아하는 바를 따르겠다."

執: 잡을 집, 잡다, 쥐다

鞭: 채찍 편, 채찍, 회초리, 매

제15장

子曰
자 왈
飯疏食飮水하고
반 소 사 음 수
曲肱而枕之라도
곡 굉 이 침 지
樂亦在其中矣니
낙 역 재 기 중 의
不義而富且貴는
불 의 이 부 차 귀
於我에 如浮雲이니라
어 아   여 부 운

공자께서 말씀하셨다.
"거친 밥에 물 마시고,
팔을 구부려 베개 삼아도
즐거움은 또한 그 가운데 있으니,
의롭지 못하고서 부유하고 또 귀한것은
나에게는 뜬구름과 같은 것이다."

飯: 밥 반, 밥, 식사

疏: 트일 소, 드문드문하다, 소홀하다, 거칠다

食: 밥 사

飮: 마실 음, 마시다, 먹이다

曲: 굽을 곡, 굽다, 구부리다

肱: 팔뚝 굉, 팔뚝, 상박

枕: 베개 침, 베개

且: 또 차, 게다가, 또한

浮: 뜰 부, 떠다닐

雲: 구름 운

浮雲: 뜬구름

┃ 제18장 ┃

葉公이 섭 공	섭공(葉公)이
問孔子於子路어늘 문 공 자 어 자 로	자로(子路)에게 공자에 대해 물었는데,
子路不對한대 자 로 부 대	자로(子路)는 대답을 하지 않았다.
子曰 자 왈	공자께서 자로(子路)에게 말씀하셨다.
女奚不曰 여 해 불 왈	"너는 어찌하여 말하지 않았느냐?
其爲人也 發憤忘食하고 기 위 인 야 발 분 망 식	'그 사람됨이 분발하면 먹는 것도 잊고
樂以忘憂하여 낙 이 망 우	즐거움에 빠지면 근심도 잊은 채,
不知老之將至云爾오 부 지 로 지 장 지 운 이	장차 늙음이 다가올 것도 알지 못한다.' 라고 말이다."

葉公: 초나라의 대부로서 섭현(葉縣)의 책임자. 성은 심(沈), 이름은
　　재량, 자는 자고임.

女: 너 여

奚: 어찌 해, 왜, 어찌

發憤: 분발함

忘: 잊을 망, 잊다, 망각하다

▌제19장 ▌

子曰
자 왈
我非生而知之者라
아 비 생 이 지 지 자
好古敏以求之者也로라
호 고 민 이 구 지 자 야

공자께서 말씀하셨다.
"나는 태어나면서부터 아는 자가 아니라,
옛것을 좋아하여 재빨리 구하는 자이다."

生: 날 생, 낳다, 태어나다

敏: 민첩할 민, 신속하다, 민첩하다

▌제21장 ▌

子曰
자 왈
三人行에
삼 인 행
必有我師焉이니
필 유 아 사 언
擇其善者而從之요
택 기 선 자 이 종 지
其不善者而改之니라
기 불 선 자 이 개 지

공자께서 말씀하셨다.
"세 사람이 함께 길을 가면,
반드시 나의 스승이 될만한 이가 있으니,
그중 좋은 점은 가려서 그것을 따르고,
좋지 못한 점은 그것을 고치면 된다."

師: 스승 사, 스승, 선생

擇: 가릴 택, 선택하다, 고르다, 가리다

改: 고칠 개, 바꾸다, 바로잡다, 고치다

▌제26장 ▌

子는 <small>자</small>	공자께서는
釣而不綱하시며 <small>조 이 불 강</small>	낚시질은 하시나 그물질은 하지 않으시고,
弋不射宿이러시다 <small>익 불 석 숙</small>	새를 쏘되 잠자는 새는 쏘지 않으셨다.

釣: 낚시 조, 낚다, 낚시질하다

綱: 벼리 강, (노끈으로 그물을 엮어 고기를 잡음)

弋: 주살 익, 주살, 잡다

射: 쏠 사, 쏘아 맞힐 석

宿: 묵을 숙, 숙박하다, 밤을 지내다, 묵다

▌제35장 ▌

子曰 <small>자 왈</small>	공자께서 말씀하셨다.
奢則不孫하고 <small>사 즉 불 손</small>	"사치를 일삼으면 공손하지 못하고,
儉則固니 <small>검 즉 고</small>	검소하기만 하면 고루하게 된다.
與其不孫也론 <small>여 기 불 손 야</small>	공손하지 못한 것 보다는
寧固니라 <small>영 고</small>	차라리 고루한 것이 낫다."

奢: 사치할 사, 사치스럽다, 지나치다

儉: 검소할 검, 검소하다, 검약하다

固: 굳을 고, 굳다, 단호히, 고루함

與其…寧: …하기 보다는 차라리 …함이 낫다.

▌제37장 ▌

子는 溫而厲하시며 자 온 이 려 威而不猛하시며 위 이 불 맹 恭而安이러시다 공 이 안	공자께서는 온화하면서도 엄숙하시고, 위엄이 있으면서도 사납지 않으시고, 공손하면서도 편안하셨다.

溫: 따뜻할 온, 따뜻하다, 온화하다

厲: 엄할 려, 엄(격)하다, 엄숙하다

威: 위엄 위, 위엄, 존엄, 위력

猛: 사나울 맹, 사납다, 맹렬하다, 용감하다

恭: 공손할 공, 공손하다

安: 편안할 안, 편안하다

┃제1장 ┃

子曰 자 왈	공자께서 말씀하셨다.
泰伯은 태 백	"태백(泰伯)은
其可謂至德也已矣로다 기 가 위 지 덕 야 이 의	덕(德)이 지극하다고 이를 만하다.
三以天下讓하되 삼 이 천 하 양	천하를 세 번이나 양보하였어도
民無得而稱焉이온여 민 무 득 이 칭 언	백성들이 그 덕을 칭송할 수 없게 하였다."

泰伯: 주나라의 조상인 고공단보의 장남

讓: 사양할 양, 양보하다, 맡기다

稱: 일컬을 칭, 부르다, 칭하다, 말하다

제4장

曾子有疾이어시늘
증 자 유 질

맹경자(孟敬子)가 문병을 오니,

孟敬子問之러니
맹 경 자 문 지

曾子言曰
증 자 언 왈

증자(曾子)가 병이 들어

鳥之將死에
조 지 장 사

其鳴也哀하고
기 명 야 애

人之將死에
인 지 장 사

其言也善이니라
기 언 야 선

君子所貴乎道者三이니
군 자 소 귀 호 도 자 삼

動容貌에
동 용 모

斯遠暴慢矣며
사 원 포 만 의

正顔色에
정 안 색

斯近信矣며
사 근 신 의

出辭氣에
출 사 기

斯遠鄙倍矣니
사 원 비 패 의

籩豆之事則有司存이니라
변 두 지 사 즉 유 사 존

증자(曾子)가 병이 들어

맹경자(孟敬子)가 문병을 오니,

증자(曾子)가 말하였다.

"새가 곧 죽으려 할 때는

그 울음소리가 애처롭고,

사람이 죽음에 이르러서는

그 말이 착하답니다.

군자가 귀중히 여기는 바의 도(道)가

세 가지 이니,

용모를 움직임에는

사나움과 거만함을 멀리하고,

얼굴 표정을 바르게 할 때는

성실함에 가깝게 하며,

말과 소리를 낼때는

비루함과 도리에 위배됨을 멀리해야 하며,

제기를 다루는 일과 같은 소소한 일은

담당자를 두면 됩니다.

孟敬子: 노나라의 대부, 성은 맹손씨(孟孫氏), 이름은 첩(捷), 자는
       의(儀), 경자(敬子)는 시호임.

鳥: 새조, 새

將: 장차 장, 자차, 방금, 막, 곧

鳴: 울 명, 울다, 소리가 나다

哀: 슬플 애, 슬플, 슬퍼할, 애처롭다

容貌: 몸가짐

暴慢: 난폭함과 거만함

顔色: 얼굴 표정

辭氣: 말과 소리

鄙倍: 비루하고 도리에 어긋남

籩豆: 제사에 쓰는 그릇

有司: 담당자, 실무자

▌제5장 ▌

曾子曰 증 자 왈	증자(曾子)가 말하였다.
以能으로 問於不能하며 이 능 문 어 불 능	"유능하면서 능하지 못한 이에게 묻고,
以多로 問於寡하며 이 다 문 어 과	(학식이) 많으면서 적은 이에게 물으며,
有若無하며 유 약 무	(道가) 있으면서 없는 듯이 하고,
實若虛하며 실 약 허	(德이) 가득하면서 빈 듯이 하고,
犯而不校를 범 이 불 교	침범을 당하여도 따지지 않아야 한다.
昔者에 석 자	옛날에
吾友嘗從事於斯矣러니라 오 우 상 종 사 어 사 의	내 친구 중에 이렇게 한 사람이 있었다."

寡: 적을 과

若: 같을 약, …과 같다

實: 열매 실, 충실하다, 가득하다

虛: 공허할 허, 비어있다, 비다

犯: 범할 범, 저지르다, 범하다

校: 교정할 교, 비교하다. 따져보다

昔者: 옛날

▌제13장 ▌

子曰 자 왈	공자께서 말씀하셨다.
篤信好學하며 독 신 호 학	"독실하게 믿고 배움을 좋아하며,
守死善道니라 수 사 선 도	죽음을 무릅쓰고 도를 잘 지켜야 한다.
危邦不入하고 위 방 불 입	위태로운 나라에는 들어가지 않고,
亂邦不居하며 난 방 불 거	어지러운 나라에서는 살지 않으며,
天下有道則見하고 천 하 유 도 즉 현	천하에 도(道)가 있으면 나타나고,
無道則隱이니라 무 도 즉 은	도(道)가 없으면 숨어야 한다.
邦有道에 방 유 도	나라에 도(道)가 있는데도
貧且賤焉이 빈 차 천 언	가난하고 천한 것이
恥也며 치 야	부끄러운 일이며,
邦無道에 방 무 도	나라에 도(道)가 없는데도
富且貴焉이 부 차 귀 언	부유하고 귀한 것이
恥也니라 치 야	부끄러운 일이다."

篤: 도타울 독, 성실하다, 돈독하다

守: 지킬 수, 지키다, 준수하다, 수비하다

善: 착할 선, 착하다, 좋다, 잘하다, 수비하다

危: 위태할 위, 위험하다, 위태롭다

邦: 나라 방, 나라, 국가

亂: 어지러울 란, 어지럽다, 혼란하다

居: 살 거, 살다, 거주하다

見: 볼 현, 나타나다, 현존하다

隱: 숨을 은, 숨다, 세상을 버리다, 은거하다

貧且賤: 가난하고 천한 것

富且貴: 부유하고 귀한 것

제16장

子曰
자 왈
狂而不直하며
광 이 부 직
侗而不愿하며
동 이 불 원
悾悾而不信을
공 공 이 불 신
吾不知之矣로라
오 부 지 지 의

공자께서 말씀하셨다.

"과격하면서 정직하지도 못하고

아는 것이 없으면서 성실하지도 않으며,

무지몽매하면서 신의마저 없는 사람을

나는 어찌해야 할지 모르겠다."

狂: 미칠 광, 격렬하다, 맹렬하다, 과격하다

侗: 미련할 동, 무지하다, 철없다

愿: 성실할 원, 성실하고 신중하다

悾: 정성 공, 무지몽매한 모양, 정성스러운 모양

悾悾: 무능한 모습, 무지몽매한 모습

▌제7장 ▌

子曰 자 왈	공자께서 말씀하셨다.
吾有知乎哉아 오 유 지 호 재	"내가 아는 것이 있겠는가?
無知也로라 무 지 야	아는 것이 없다.
有鄙夫問於我하되 유 비 부 문 어 아	어떤 비천하고 배우지 못한 사람이 나에게 물어온다면,
空空如也라도 공 공 여 야	비록 골이 텅 비어있는 듯이 모르더라도,
我叩其兩端而竭焉하노라 아 고 기 양 단 이 갈 언	내 그 양단(兩端)을 끄집어내어 최선을 다해 말해 줄 것이다."

有: 있을 유, 어떤, 어느, 웬

鄙夫: 비천하고 무식한 사람

空: 빌 공, 텅비다, 비우다

空空: 텅 비다

叩: 두드릴 고

端: 끝 단

兩端: 처음과 끝

竭: 다할 갈, 다하다

제9장

子見齊衰者와
　자 견 자 최 자

冕衣裳者와
　면 의 상 자

與瞽者하시고
　여 고 자

見之에
　견 지

雖少나
　수 소

必作하시며
　필 작

過之에
　과 지

必趨러시다
　필 추

공자께서는 상복(喪服)을 입은 사람과,

사모관대 의상을 차려입은 사람이나,

눈먼 사람을

만나시면

비록, 어릴지라도

반드시 일어나시고

그들을 지나가실 때는

반드시 종종걸음으로 빨리 지나가셨다.

齊衰: 상복(喪服)

冕衣裳者: 대부의 예복을 한사람　瞽: 소경 고

少: 젊을 소

過: 지날 과

趨: 추창할 추, 빨리가다

▍제10장 ▍

顔淵이 _{안 연}	안연(顔淵)이
喟然歎曰 _{위 연 탄 왈}	크게 탄식하며 말하였다.
仰之彌高하며 _{앙 지 미 고}	"선생님의 도는 우러러볼수록 더욱 높고,
鑽之彌堅하며 _{찬 지 미 견}	뚫을수록 더욱 견고하며,
瞻之在前이러니 _{첨 지 재 전}	앞에 계신 것을 본 것 같은데
忽焉在後로다 _{홀 언 재 후}	홀연히 뒤에 계신다.
夫子循循然善誘人하사 _{부 자 순 순 연 선 유 인}	선생님께서 차근차근 사람을 잘 이끄시어
博我以文하시고 _{박 아 이 문}	학문으로써 나를 넓혀 주시고,
約我以禮하시니라 _{약 아 이 례}	예(禮)로써 나를 다듬어 주셨다.
欲罷不能하여 _{욕 파 불 능}	그만두려 해도 그럴 수 없어.
旣竭吾才하니 _{기 갈 오 재}	이미 나의 재주를 다하였으나
如有所立이 卓爾라 _{여 유 소 립 탁 이}	마치 내 앞에 더욱 우뚝 서 계신 듯하다.
雖欲從之나 _{수 욕 종 지}	비록 아무리 따르고자 하여도
末由也已로다 _{말 유 야 이}	미처 따라갈 수가 없다."

喟然: 탄식하는 모양

歎: 한숨 쉴 탄, 탄식하다

仰: 우러러 볼 앙, 우러러보다

彌高: 더욱 높음

鑽: 뚫을 찬, 뚫다

彌堅: 더욱 견고함

瞻: 볼 첨, 바라다보다, 쳐다보다

忽焉: 홀연히, 갑자기, 어느 틈에

循循然: 질서 있는 모양, 차근차근

誘: 필 유, 꾀다, 유인하다, 이끌다

博: 넓을 박, 식견이 넓다

約: 약속 약, 약속하다, 단속하다, 제약하다

罷: 파할 파, 그만두다

竭: 다할 갈, 다하다   才: 재주 재, 재능, 재주

卓: 높을 탁, 우뚝 서 있다

卓爾: 우뚝솟은 모양

末由也已: 따라갈 수가 없다

▌제23장▐

子曰
자 왈

法語之言은
법 어 지 언

能無從乎아
능 무 종 호

改之爲貴니라
개 지 위 귀

巽與之言은
손 여 지 언

能無說乎아
능 무 열 호

繹之爲貴니라
역 지 위 귀

說而不繹하며
열 이 불 역

從而不改면
종 이 불 개

吾末如之何也已矣니라
오 말 여 지 하 야 이 의

공자께서 말씀하셨다.

"법도에 맞는 말을

따르지 않을 수 있겠는가?

듣고 잘못을 고치는 것이 귀한 것이다.

부드럽게 타이르는 말을

기뻐하지 않을 수 있겠는가?

참뜻을 찾아내는 것이 귀한 것이다.

기뻐하기만 하고 참뜻을 찾아내지 못하고,

따르기만 하고 잘못을 고치지 않는다면

나는 그런 사람을 어찌할 수가 없다."

法語: 법도에 맞는 말

巽: 손괘 손, 순종하다, 공손하다

巽言: 부드러운 말, 유순하고 완곡한 말

繹: 찾을 역, 실마리를 찾아내다.

末如之何: 어찌할 수가 없다.

▌제26장 ▌

子曰 자 왈	공자께서 말씀하셨다.
衣蔽縕袍하며 의 폐 온 포	"해진 무명 두루마기를 입고서
與衣狐貉者로 여 의 호 학 자	여우나 담비 털옷을 입은 사람과 함께
立而不恥者는 입 이 불 치 자	서 있으면서도 부끄러워하지 않을 사람은
其由也與인저 기 유 야 여	아마도 유(由)일 것이다.
不忮不求면 불 기 불 구	〈시경(詩經)에〉 '남을 해치지 않고 남의 것을 탐내지 않는다면,
何用不臧이리오 하 용 부 장	어찌 착하지 않으리오!'라고 하였다."
子路終身誦之한 대 자 로 종 신 송 지	자로(由)가 이 시구(詩句)를 평생토록 외우고자 하였더니,
子曰 자 왈	공자께서 말씀하셨다.
是道也 何足以臧이리오 시 도 야 하 족 이 장	"〈시경(詩經)에서 말한〉 그 도(道)가 무엇이 그렇게 훌륭하다 하겠느냐?"

敝: 피폐할 폐, 해지다, 낡다

縕: 삼 부스러기 온, 부스러기 삼, 햇솜과 묵은 솜이 섞인 솜

袍: 윗옷 포, 두루마기, 도포

狐: 여후 호, 여우

貉: 오소리 학, 담비

忮: 해칠 기, 시기하다, 질투하다

臧: 착할 장, 착하다, 좋다, 옳다

終身: 종신, 일생, 평생

誦: 읽을 송, 외다, 소리내어 읽다, 암송하다

何: 어찌하, 무엇, 무슨, 어찌, 무엇 때문에

足: 발 족, 충분히, 족히, 넉넉하다, 족하다

▋제27장▋

子曰 자 왈 歲寒然後에 세 한 연 후 知松栢之後彫也니라 지 송 백 지 후 조 야	공자께서 말씀하셨다. "계절이 추워진 뒤에야 소나무와 잣나무가 다른 나무보다 나중에 시든다는 것을 알 수 있다."

歲: 해 세, 해, 세월

寒: 찰 한, 춥다, 차다

松: 소나무 송, 소나무

栢: 측백나무 백, 잣나무, 측백나무

彫: 시들 조, 시들다

제28장

子曰
자 왈
知者는 不惑하고
지 자   불 혹
仁者는 不憂하고
인 자   불 우
勇者는 不懼니라
용 자   불 구

공자께서 말씀하셨다.
"슬기로운 자는 의혹하지 않고,
어진 자는 근심 하지 않고,
용감한 자는 두려워하지 않는다."

惑: 미혹할 혹, 비혹하다, 의혹하다

憂: 근심할 우, 근심, 걱정, 우려하다

勇: 날랠 용, 용감, 용기, 과감하다

懼: 두려워할 구, 두려워하다, 겁내다

子曰 자 왈	공자께서 말씀하셨다.
可與共學이라도 가 여 공 학	"함께 배울 수는 있어도,
未可與適道며 미 가 여 적 도	함께 도(道)에 나아갈 수는 없고,
可與適道라도며 가 여 적 도	함께 도(道)에 나아갈 수는 있어도,
未可與立이며 미 가 여 립	함께 설 수는 없으며,
可與立이라도 가 여 립	함께 설 수는 있어도,
未可與權이니라 미 가 여 권	함께 일의 경중을 저울질할 수는 없다."

共: 함께 공, 함께, 같이, 공동으로

適: 맞을 적, 적합하다, 가다, 따르다

權: 권세 권, 무게를 달다, 계량하다, 권력, 권리

第 10篇 鄕黨(향당)

▌제1장 ▌

孔子於鄕黨에 _{공 자 어 향 당}	공자께서 고향 마을에 계실 적에는
恂恂如也하사 _{순 순 여 야}	성실하고 공손하시어,
似不能言者러시다 _{사 불 능 언 자}	마치 말을 잘 못 하는 듯이 하였다.
其在宗廟朝廷하사는 _{기 재 종 묘 조 정}	종묘와 조정에 계실 적에는
便便言하시되 _{변 변 언}	또박또박 말씀을 잘하시되,
唯謹爾러시다 _{유 근 이}	다만 삼가시었다.

鄕: 시골 향, 고향

黨: 무리 당, 마을

鄕黨: 고향마을

恂: 진실할 순, 진실할, 두려워 할

恂恂: 진실한 모양, 두려워하는 모양

似: 같을 사, 닮을, 비슷할

宗: 사당 종

廟: 사당 묘

朝: 조정 조, 임금뵐 조

廷: 조정 정

便便: 분명하고 조리있는 말솜씨

謹: 삼갈 근, 삼가다, 신중히 하다

爾: 너 이, 너, 그대, 이러하다, 그러하다

▌제8장 ▌

食不厭精하시며 사 불 염 정	밥은 곱게 찧은 쌀밥을 싫어하지 않으시고
膾不厭細러시다 회 불 염 세	회는 가늘게 썬 것을 싫어하지 않으셨다.
食饐而餲와 사 의 이 애	밥이 상하여 쉰 것과
魚餒而肉敗를 어 뇌 이 육 패	생선이 상하거나 고기가 부패한 것을
不食하시며 불 식	먹지 않으셨으며,
色惡不食하시며 색 악 불 식	빛깔이 나쁜 것을 먹지 않으시고
臭惡不食하시며 취 악 불 식	냄새가 나쁜 것도 먹지 않으셨으며,
失飪不食하시며 실 임 불 식	제대로 익히지 않은 것은 먹지 않으시고
不時不食이러시다 불 시 불 식	제철에 나온 것이 아니면 먹지 않으셨다.
割不正이어든 할 부 정	자른 것이 반듯하지 않으면
不食하시며 불 식	먹지 않으시고,
不得其醬이어든 부 득 기 장	간이 맞지 않아도
不食이러시다 불 식	먹지 않으셨다.
肉雖多나 육 수 다	고기가 비록 많아도
不使勝食氣며 불 사 승 사 기	밥 기운을 이기게 하지 않으시며,
唯酒無量하사되 유 주 무 량	술은 일정한 양이 없으셨으나
不及亂이러시다 불 급 란	어지러울 정도로 마시지는 않으셨다.

沽酒市脯를 고 주 시 포	시장에서 사 온 술과 포는
不食하시며 불 식	먹지 않으시고,
不撤薑食하시며 불 철 강 식	생강은 거르지 않고 잡수시나,
不多食이러시다 불 다 식	많이 잡수시지는 않으셨다.
祭於公에 不宿肉하시며 제 어 공 　 불 숙 육	나라의 제사에 참례한 후에 받아 온 고기는 그날 밤을 넘기지 않으시고,
祭肉은 제 육	집에서 제사 지낸 고기는
不出三日하더시니 불 출 삼 일	사흘을 넘기지 않으셨다.
出三日이면 출 삼 일	사흘이 지나면
不食之矣니라 불 식 지 의	먹지 않으셨다.
食不語하시며 식 불 어	식사할 때는 말씀을 하지 않으시고,
寢不言이러시다 침 불 언	잠자리에서는 이야기를 하지 않으셨다.
雖疏食菜羹이라도 수 소 사 채 갱	비록 거친 밥과 나물국이라도
瓜(必)祭하사되 과 필 제	고수레를 하시되,
必齋如也러시다 필 재 여 야	반드시 공경히 하셨다.

食: 밥 사

厭: 싫어할 염, 싫어하다, 미워하다

精: 찧을 정, 정제한 것, 정밀하다

膾: 회 회, 고기, 생선 살을 얇게 썰다

細: 가늘 세, 가늘다, 폭이 좁다

饐: 밥쉴 의, 음식이 쉬다

餲: 밥쉴 애, 밥이 쉬다

餒: 주릴 뇌, 생선이 썩다, 상하다, 부패하다

敗: 질 패, 지다, 패배하다, 부패하다

臭: 냄새 취, 썩다, 역겹다, 더럽다

失: 잃을 실, 잃다, 놓치다, 실수하다

飪: 익힐 임, 요리하다, 조리하다

時: 때 시, 시대, 시간, 계절, 철

割: 가를 할, 자르다, 베다

得: 얻을 득, 얻다, 알맞다, 좋다

醬: 장 장, 된장, 된장 비슷한 것

勝: 이길 승, 이기다, 승리하다

氣: 기운 기, 기질, 기풍, 기운

量: 분량 량, 용량, 한도, 양, 수량, 분량

亂: 어지러울 란, 어지럽다, 불편하다, 어지럽히다

沽: 팔 고, 사다, 팔다, 구하다

脯: 포 포, 포, (저미어서)말린 고기

撤: 거둘 철, 제거하다, 철수하다, 치우다

薑: 생강 강 公: 공변될 공, 국유의, 공공의, 공유의

宿: 묵을 숙, 밤을 지내다

出: 날 출, 넘다, 초과하다

語: 말할 어, 말, 말하다

言: 말씀 언, 말, 언어, 이야기, 말하다, 이야기하다

疏: 트일 소, 생소하다, 소홀하다, 거칠다

菜: 나물 채, 채소, 반찬

羹: 국 갱, 국

齋: 재계할 재, 엄숙하게 공경하다

不時不食: 오곡작물(五穀作物) 잘 익는 제철에 나온 것이 아니면 먹
　　　　지 않음.

不得其醬: 음식과 장이 맞지 않으면 즉, 간이 맞지 않으면

食不語: 음식을 먹을 때 말(대답)을 하지 않다.

寢不言: 잠자리에서는 이야기(대화)를 하지 않다.

※ 참고: 나라에서 제사 지내고 받아 온 고기는 조리하지 않은 생(날)
　　　　고기이고, 집에서 제사 지낸 고기는 조리가 완료된 익힌 고
　　　　기이다.

▍제12장 ▍

廐焚이어늘 구 분	마구간이 불에 탔는데,
子退朝曰 자 퇴 조 왈	공자께서 조정에서 물러 나오시어
傷人乎아하시고 상 인 호	"사람이 다쳤느냐?" 하시고,
不問馬하시다 불 문 마	말[馬]에 대해서는 묻지 않으셨다.

廐: 마구간 구, 마구간, 마구

焚: 불사를 분, 불탈

退: 물러날 퇴

朝: 조정 조

傷: 상할 상, 상할, 다칠

第 11篇 先進(선진)

▌제1장 ▌

子曰 자 왈	공자께서 말씀하셨다.
先進이 於禮樂에 선 진 어 예 악	"예악을 먼저 배운 선배들은
野人也요 야 인 야	시골 사람이요,
後進이 於禮樂에 후 진 어 예 악	예악을 뒤에 배운 후배들은
君子也라하나니 군 자 야	군자라고들 한다.
如用之則吾從先進하리라 여 용 지 즉 오 종 선 진	만약 예악을 선택하여 쓴다면
	나는 선배들을 따르겠다."

先進: 선배 (주나라 초기의 사람들)

野人: 소박하고 촌스러운 사람

後進: 후배 (공자시대의 사람들)

君子: 세련되고 화려한 문화인

如用之: 만약 내가 그것을 선택하여 쓴다면

▎제8장 ▎

顔淵이 死어늘 _{안 연　사}	안연이 죽자,
子曰 _{자 왈}	공자께서 말씀하셨다.
噫라 _희	"아 아!
天喪予샷다 _{천 상 여}	하늘이 나를 버리셨구나!
天喪予샷다 _{천 상 여}	하늘이 나를 버리셨구나!"

噫: 탄식할 희, 아아!

喪: 잃을 상, 상실하다, 낙담하다

予: 나 여, 나

▌제9장 ▌

顔淵이 死어늘 <small>안 연 사</small> 子哭之慟하신대 <small>자 곡 지 통</small>	안연이 죽자, 공자께서 곡을 하시는데 지나치게 애통해하셨다.
從者曰 <small>종 자 왈</small> 子慟矣시니이다 <small>자 통 의</small> 曰 有慟乎아 <small>왈 유 통 호</small>	이에 따르는 제자들이 말하였다. "선생님께서 지나치게 애통해하셨습니다." 공자께서 말씀하셨다. "내가 지나치게 애통해하였느냐?
非夫人之爲慟이요 <small>비 부 인 지 위 통</small> 而誰爲리오 <small>이 수 위</small>	그 사람을 위해 애통해하지 않고, 누구를 위해 애통해하겠느냐?"

哭: 곡할 곡, (소리내어) 울다

慟: 서러워할 통, 통곡하다, 몹시 슬퍼하다

從者: 따르는 사람, 제자들

▌제15장 ▌

子貢이 問 _{자 공 문}	자공이 묻기를
師與商也孰賢이니잇고 _{사 여 상 야 숙 현}	"사(師)와 상(商)은 누가 낫습니까?" 하니,
子曰 _{자 왈}	공자께서 말씀하셨다.
師也는 _{사 야}	"사(師)는
過하고 _과	지나치고,
商也는 _{상 야}	상(商)은
不及이니라 _{불 급}	미치지 못한다."
曰 然則師愈與잇가 _{왈 연 즉 사 유 여}	자공이 또 물었다. "그러면 사가 낫습니까?"
子曰 _{자 왈}	공자께서 말씀하셨다.
過猶不及이니라 _{과 유 불 급}	"지나친 것은 미치지 못한 것과 같다."

師: 자장(子張)의 이름, 공자의 제자

商: 자하(子夏)의 이름, 공자의 제자

過: 지나칠 과, 지나치다, 넘치다

不及: 미치지 못하다

然: 그러할 연, 그러나 그러한, 이러한

愈: 나을 유, 낫다, …보다 낫다

猶: 오히려 유, 마치 …와 같다

第 12篇 顔淵(안연)

▌제1장 ▌

顔淵이 問仁한대
안 연   문 인

子曰
자 왈

克己復禮 爲仁이니
극 기 복 례 위 인

一日克己復禮면
일 일 극 기 복 례

天下歸仁焉하리니
천 하 귀 인 언

爲仁由己니
위 인 유 기

而由人乎哉아
이 유 인 호 재

顔淵曰 請問其目하노이다
안 연 왈 청 문 기 목

子曰
자 왈

非禮勿視하며
비 례 물 시

非禮勿聽하며
비 례 물 청

非禮勿言하며
비 례 물 언

非禮勿動이니라
비 례 물 동

顔淵曰
안 연 왈

안연이 인(仁)에 대하여 묻자,

공자께서 말씀하셨다.

"자기의 사욕을 극복하여 예(禮)에
돌아가는 것이 인(仁)을 행하는 것이니,

하루라도 자기의 사욕을 극복하여 예에
돌아간다면,

천하가 다 인(仁)에 돌아갈 것이다.

인(仁)을 행하는 것은 자기로 말미암는
것이지,

남으로 말미암는 것이겠는가?"

안연이 다시 "그 자세한 조목을 묻고
싶습니다." 하니,

공자께서 말씀하셨다.

"예가 아니면 보지 말고,

예가 아니면 듣지 말고,

예가 아니면 말하지 말고,

예가 아니면 움직이지 말라."

안연이 말하였다.

제(回)가 비록 민첩하지 못하나
청컨대 이 말씀을 잘 받들겠습니다.

克: 이길 극, 극복하다. 억제하다

己: 몸 기, 자기, 자신

復: 돌아올 복, 다시 부, 돌아오다, 회복하다

歸: 돌아갈 귀, 돌아가다

焉: 어찌 언, 여기에, 어찌, 어떻게

由: 말미암을 유, 원인, 이유

請: 청할 청, 요청하다, 부탁하다

目: 눈 목, 눈, 보다, 조목, 목록

非: 아닐 비, 과실, 잘못, …이 아니다

勿: 말 물, …하지 마라, 아니다, 않다

聽: 들을 청, 듣다, 받아들이다

動: 움직일 동, 움직이다, 행동하다

雖: 비록 수, 비록 …이지만, 단지, 오직

敏: 민첩할 민, 신속하다, 민첩하다, 힘쓰다

事: 일 사, 일, 사건, 모시다, 섬기다

斯: 이 사, 이, 여기, 즉, 이에, 곧

제2장

仲弓이 問仁한대
_{중 궁   문 인}

子曰
_{자 왈}

出門如見大賓하며
_{출 문 여 견 대 빈}

使民如承大祭하고
_{사 민 여 승 대 제}

己所不欲을
_{기 소 불 욕}

勿施於人이니
_{물 시 어 인}

在邦無怨하며
_{재 방 무 원}

在家無怨이니라
_{재 가 무 원}

仲弓曰
_{중 궁 왈}

雍雖不敏이나
_{옹 수 불 민}

請事斯語矣리이다
_{청 사 사 어 의}

중궁이 인(仁)에 대하여 묻자,

공자께서 말씀하셨다.

"문밖을 나서면 마치 큰 손님을

대하듯이 하며

백성을 부릴 적에는 마치 큰 제사를

받들 듯이 하고

자기가 하고자 하지 않는 바를

남에게 베풀지 말아야 하니,

이렇게 하면 나랏일에 있어서도

원망을 살 일이 없을 것이며,

집안에서도 원망 살 일이 없을 것이다."

중궁이 말하였다.

"제(雍)가 비록 민첩하지 못하나

청컨대 이 말씀은 잘 받들겠습니다."

仲弓: 염옹(冉雍)의 자(字), 공자의 제자

大賓: 큰 손님, 고귀한 손님

使: 부릴 사, 사용하다, 쓰다, …시키다

民: 백성 민, 백성, 국민, 민간

如: 같을 여, …와 같다, 예를 들면, 만일, 만약

承: 받들 승, 받들다, 계속하다, 잇다

大祭: 종묘제례 같은 큰 제사

己所不欲: 자기가 하고자 하지 않는 바

勿施於人: 남에게 베풀지 말라

邦: 나라 방, 나라, 국가

怨: 원망할 원, 원한, 원망하다, 비난하다

▌제3장 ▌

司馬牛問仁한대
사 마 우 문 인

子曰
자 왈

仁者는
인 자

其言也訒이니라
기 언 야 인

曰 其言也訒이면
왈 기 언 야 인

斯謂之仁矣乎잇가
사 위 지 인 의 호

子曰
자 왈

爲之難하니
위 지 난

言之得無訒乎아
언 지 득 무 인 호

사마우가 인(仁)에 대하여 묻자

공자께서 말씀하셨다.

"인(仁)이라는 것은

말을 참아서 적게 하는 인(訒)이니라."

다시 묻기를

"말을 참아서 적게 하기만 하면

이를 인하다고 할 수 있습니까?" 하니,

공자께서 말씀하셨다.

"그렇게 하는 것이 어려운 것이니

말을 참을성 없이 내뱉을 수 있겠는가?"

司馬牛: 孔子의 제자, 이름은 리(犂) 또는 경(耕), 자는 자우(子牛), 송
　　　나라 환퇴의 동생

訒: 말 적을 인, 입이 무겁다, 말이 적다

難: 어려울 난, 어렵다, 힘들다

▌제4장 ▌

司馬牛問君子한대 _{사 마 우 문 군 자}	사마우가 군자에 대하여 묻자,
子曰 _{자 왈}	공자께서 말씀하셨다.
君子는 _{군 자}	"군자는
不憂不懼니라 _{불 우 불 구}	근심하지 않고 두려워하지 않는다."
曰 不憂不懼면 _{왈 불 우 부 구}	다시 "근심하지 않고 두려워하지 않으면,
斯謂之君子矣乎잇가 _{사 위 지 군 자 의 호}	이를 일러 군자라 할 수 있습니까?"하니,
子曰 _{자 왈}	공자께서 말씀하셨다.
內省不疚어니 _{내 성 불 구}	"속으로 살펴보아 거리낌이 없으면
夫何憂何懼리오 _{부 하 우 하 구}	무엇을 걱정하고 무엇이 두렵겠느냐?"

憂: 근심할 우, 걱정하다, 근심하다

懼: 두려워할 구, 두려워하다, 겁내다

內: 안 내, 안 속, 내부

省: 살필 성, 반성하다, 성찰하다

疚: 오래 앓을 구, 꺼림칙해하다

夫: 대저 부, 대저, 무릇

何: 어찌 하, 무엇, 무슨, 어떤, 어찌

司馬牛憂曰 _{사 마 우 우 왈}	사마우가 걱정하면서 말했다.
人皆有兄弟어늘 _{인 개 유 형 제}	"남들은 모두 형제가 있는데
我獨亡로다 _{아 독 무}	나만 홀로 없도다."
子夏曰 _{자 하 왈}	자하가 말했다.
商은 聞之矣로니 _{상 문 지 의}	"나(商)는 들으니
死生有命이요 _{사 생 유 명}	사람의 생사는 명에 달려있고
富貴在天이라호라 _{부 귀 재 천}	부귀(富貴)는 하늘에 달려있다고 하였다.
君子敬而無失하며 _{군 자 경 이 무 실}	군자가 경건하고 실수가 없으며,
與人恭而有禮면 _{여 인 공 이 유 례}	남들과 더불어 공손하고 예의를 지키면
四海之內가 _{사 해 지 내}	온 천하가
皆兄弟也니 _{개 형 제 야}	다 형제이니,
君子何患乎無兄弟也리오 _{군 자 하 환 호 무 형 제 야}	군자가 어찌 형제 없음을 걱정하겠는가?"

人: 사람 인, 사람, 인간, 다른사람, 남

皆: 다 개, 모두, 전부, 다, 함께

我: 나 아, 나, 저, 우리, 자기, 자신

獨: 홀로 독, 혼자, 홀로, 오직, 유독 亡: 잃을 망, 잃다, 죽다, 없어지다
(無와 通用)

子夏: 공자의 제자로서, 성은 복(卜), 이름은 상(商), 자가 자하(子夏) 임.

敬: 공경할 경, 존경하다, 공경하다

失: 잃을 실, 잃다, 실수하다

恭: 공손할 공, 공손하다

四海之內: 온 세상 안, 온천하(天下)

患: 근심 환, 걱정하다, 근심하다

▌제11장 ▌

齊景公이 _{제 경 공}	제나라 경공이
問政於孔子한대 _{문 정 어 공 자}	공자에게 정치에 대하여 묻자,
孔子對曰 _{공 자 대 왈}	공자께서 대답하셨다.
君君 _{군 군}	"임금은 임금답고,
臣臣 _{신 신}	신하는 신하다우며,
父父 _{부 부}	아버지는 아버지답고,
子子니이다 _{자 자}	자식은 자식다우면 됩니다."
公曰 _{공 왈}	경공이 말하였다.
善哉라 _{선 재}	"좋은 말씀입니다.
信如君不君 _{신 여 군 불 군}	진실로 만약 임금이 임금답지 못하고,
臣不臣 _{신 불 신}	신하가 신하답지 못하며,
父不父 _{부 불 부}	아버지가 아버지답지 못하고,
子不子면 _{자 부 자}	자식이 자식답지 못하면,
雖有粟이나 _{수 유 속}	비록 곡식이 넉넉히 있다 한들
吾得而食諸아 _{오 득 이 식 저}	내 어찌 밥을 얻어먹고 살 수 있겠습니까?"

齊景公: 제나라의 경공(景公), 성은 강(姜), 이름은 저구(杵臼), 영공
　　　　(靈公)의 아들

政: 정사 정, 정치, 정사

對曰: 대답하여 말하다

善: 착할 선, 착하다, 좋다, 훌륭하다

信: 믿을 신, 믿다, 진실하다

雖: 비록 수, 비록 …이지만, 설사 …이더라도

粟: 조 속, 곡식, 곡물, 녹봉, 좁쌀(小米)

▌제1장 ▌

子路問政한대 _{자 로 문 정}	자로(子路)가 정치에 대하여 묻자,
子曰 _{자 왈}	공자께서 말씀하셨다.
先之勞之니라 _{선 지 로 지}	"솔선해서 하고, 더욱 수고해야 한다."
請益한대 _{청 익}	더 말씀해주실 것을 청하자,
子曰 _{자 왈}	공자께서 말씀하셨다.
無倦이니라 _{무 권}	"게을리함이 없어야 한다."

先: 먼저 선, 먼저, 우선, 앞서

勞: 수고할 로, 수고를 끼치다, 위로하다, 노동하다

益: 더할 익, 이익, 이득, 도움

倦: 싫증날 권, 피곤하다. 싫증나다

▌제6장 ▐

子曰 자 왈	공자께서 말씀하셨다.
其身이 正이면 기 신 정	"그 몸가짐이 바르면
不令而行하고 불 령 이 행	명령을 하지 않아도 행해지고,
其身이 不正이면 기 신 부 정	그 몸가짐이 바르지 못하면
雖令不從이니라 수 령 부 종	설사 명령을 하더라도 따르지 않는다."

身: 몸 신, 몸, 신체, 사람의 품격과 수양

令: 영내릴 령, 명령하다, 명령

雖: 비록 수, 비록 …이지만, 설사 …이더라도

從: 좇을 종, 좇다, …을 따르다, 종사하다

▌제9장 ▐

子適衛하실새 자 적 위	공자께서 위나라에 가실 적에
冉有僕이러니 염 유 복	염유가 수레를 몰았는데
子曰 자 왈	공자께서 말씀하시기를
庶矣哉라 서 의 재	"백성들이 많구나." 하니,
冉有曰 염 유 왈	염유가
旣庶矣어든 기 서 의	"이미 백성들이 많으면
又何加焉이리잇고 우 하 가 언	또 무엇을 더 해야 합니까?" 하고 묻자,

日 富之니라
왈 부 지

日 既富矣어든
왈 기 부 의

又何加焉이리잇고
우 하 가 언

日 教之니라
왈 교 지

"부유하게 해주어야 한다."고 하셨다.
다시 "이미 부유하게 해준 다음에는
또 무엇을 더 해야 합니까?"하고 묻자,
"가르쳐야 한다."고 하셨다.

適: 맞을 적, 적합하다, 알맞다, 가다, 시집가다

衛: 위나라

僕: 종 복, 종, 하인, 마부

庶: 많을 서, 많다, 백성, 평민

既: 이미 기, 이미, 벌써, (이왕) …한 바에는

又: 또 우, 또, 한편, 더하여

何: 어찌 하, 무엇, 무슨, 어떤, 어찌

加: 더할 가, 더하다, 보태다

富: 넉넉할 부, 부유하다, 풍부하다, 많다

教: 가르칠 교, 가르치다, 교육하다, 지도하다

제17장

子夏爲莒父宰하여
자 하 위 거 보 재

問政한대
문 정

子曰
자 왈

無欲速하며
무 욕 속

無見小利니
무 견 소 리

欲速則不達하고
욕 속 즉 부 달

見小利則大事不成이니라
견 소 리 즉 대 사 불 성

자하가 거보의 읍재가 되어

정치에 대하여 묻자,

공자께서 말씀하셨다.

"속히 하려고 하지 말고

작은 이익을 보지 말아야 한다.

속히 하려고 하면 일이 잘 되지 않고,

작은 이익을 보면 큰일이 이루어지지

않는다."

莒父: 노나라의 고을 이름, 지금의 산동성 거현(莒縣)

宰: 재상 재, 관직 이름

欲: 하고자 할 욕, 바라다, 하고 싶어 하다

速: 빠를 속, 빠르다, 신속하다

小利: 작은 이익

不達: 목표를 달성하지 못함

不成: 사물이 이루어지지 못함

葉公이 _{섭 공}	섭공이
語孔子曰 _{어 공 자 왈}	공자에게 말하였다.
吾黨에 有直躬者하니 _{오 당 유 직 궁 자}	"우리 마을에 몸가짐이 정직한 사람이 있는데,
其父攘羊이어늘 _{기 부 양 양}	그의 아버지가 남의 양을 훔치자,
而子證之하나이다 _{이 자 증 지}	그 아들이 그것을 증언하였습니다."
孔子曰 _{공 자 왈}	공자께서 말씀하셨다.
吾黨之直者는 _{오 당 지 직 자}	"우리 마을의 정직한 사람은
異於是하니 _{이 어 시}	이와는 다릅니다.
父爲子隱하며 _{부 위 자 은}	아버지는 자식을 위해 숨겨 주고,
子爲父隱하나니 _{자 위 부 은}	자식은 아버지를 위해 숨겨 주니,
直在其中矣니라 _{직 재 기 중 의}	정직함이란 그 가운데 있는 것입니다."

葉公: 초나라 섭현(葉縣)의 장관, 성은 심(沈), 이름은 제량(諸梁),
　　　자(字)는 자고(子高)임.

黨: 무리 당, 당, 정당, 마을, 무리, 친족

直: 곧을 직, 곧다, 정직하다, 솔직하다

躬: 몸 궁, 몸, 몸가짐

攘: 물리칠 양, 밀어내다, 빼앗다, 훔치다

羊: 양 양, 양

證: 증명할 증, 증명하다, 증거

異於是: 이와는 다르다.

隱: 숨을 은, 숨기다, 감추다, 숨다

▌제19장▐

樊遲問仁한대 <small>번 지 문 인</small>	번지가 인에 대하여 묻자,
子曰 <small>자 왈</small>	공자께서 말씀하셨다.
居處恭하며 <small>거 처 공</small>	"평소 일상생활에서는 공손해야 하며
執事敬하며 <small>집 사 경</small>	일을 처리할 때는 경건하게 하며
與人忠을 <small>여 인 충</small>	남들과 더불어 사귈 때는 성실해야 함은
雖之夷狄이라도 <small>수 지 이 적</small>	비록 오랑캐 땅에 가더라도
不可棄也니라 <small>불 가 기 야</small>	버릴 수 없는 것이다."

居處: 평소, 한가할 때

恭: 공손할 공, 공손하다

執事: 일을 처리함

敬: 공경할 경, 존경하다, 공경하다

與人: 남과 어울림

忠: 충성할 충, 충성하다, 성실하다

之: 갈 지

夷狄: 오랑캐

棄: 버릴 기, 버리다, 포기하다, 잊어버리다

子曰 자 왈 剛毅木訥이 강 의 목 눌 近仁이니라 근 인	공자께서 말씀하셨다. "강직(剛直)하고, 굳세고, 질박하고, 입이 무거워 어눌한 것이 인(仁)에 가깝다."

剛: 굳셀 강, 단단하다, 강하다

毅: 굳셀 의, 군세다, 강하다木: 나무 목, 소박하다, 질박하다

訥: 말 더듬을 눌, 말을 더듬다, 입이 무겁다

近: 가까울 근, 가깝다

第14篇 憲問(헌문)

▮ 제1장 ▮

憲이 問恥한대 _{헌 문 치}	원헌(原憲)이 부끄러움에 대하여 묻자,
子曰 _{자 왈}	공자께서 말씀하셨다.
邦有道에 _{방 유 도}	"나라에 도(道)가 있을 때에
穀하며 _곡	녹봉만 받아먹으며,
邦無道에 _{방 무 도}	나라에 도(道)가 없는데도
穀이 _곡	녹봉만 받아먹는 것이
恥也니라 _{치 야}	부끄러운 일이다."

憲: 原憲, 原思, 孔子의 弟子

恥: 부끄럼 치, 부끄러움, 수치, 치욕

邦: 나라 방, 나라, 국가

穀: 좋을 곡, 녹봉(祿俸)

▮ 제5장 ▮

子曰
_{자 왈}

有德者는
_{유 덕 자}

必有言이어니와
_{필 유 언}

有言者는
_{유 언 자}

不必有德이니라
_{불 필 유 덕}

仁者는
_{인 자}

必有勇이어니와
_{필 유 용}

勇者는
_{용 자}

不必有仁이니라
_{불 필 유 인}

공자께서 말씀하셨다.

"덕(德)이 있는 사람은

반드시 옳은 말을 하거니와

옳은 말을 하는 사람이라고 해서

반드시 덕이 있는 것은 아니다.

인자(仁者)는

반드시 용기가 있거니와

용기 있는 사람이라고 해서

반드시 어짊[仁]이 있는 것은 아니다."

▮ 제7장 ▮

子曰
_{자 왈}

君子而不仁者는
_{군 자 이 불 인 자}

有矣夫어니와
_{유 의 부}

未有小人而仁者也니라
_{미 유 소 인 이 인 자 야}

공자께서 말씀하셨다.

"군자로서 어질지 못한 자는

있을 수 있거니와,

소인이면서 어진자는 있은적이 없다."

有矣夫: 있을 수 있지만

子曰 자 왈	공자께서 말씀하셨다.
愛之인댄 애 지	"누구를 진정으로 사랑한다면
能勿勞乎아 능 물 로 호	수고롭히지 않을 수 있겠는가?
忠焉인댄 충 언	진심으로 충성한다면
能勿誨乎아 능 물 회 호	깨우쳐 주지 않을 수 있겠는가?"

愛: 사랑 애, 사랑(하다), 아끼다, 소중히 하다

勿: 말 물, …하지마라, 아니다, 않다

勞: 수고할 로, 수고를 끼치다, 부리다

誨: 가르칠 회, 가르치다, 일깨워주다, 가르쳐 인도하다

■ 제25장 ■

子曰 자 왈	공자께서 말씀하셨다.
古之學者는 고 지 학 자	"옛날의 배우는 자는
爲己러니 위 기	자신의 수양을 위하여 공부하였으나,
今之學者는 금 지 학 자	오늘날의 배우는 자는
爲人이로다 위 인	남에게 알리기 위하여 공부한다."

爲己: 爲己之學 자기자신을 위해 학문을 함

爲人: 爲人之學 남에게 자기자신을 알리기 위해 학문을 함

▌제32장 ▌

子曰
_{자 왈}
不患人之不己知요
_{불 환 인 지 불 기 지}

患其不能也니라
_{환 기 불 능 야}

공자께서 말씀하셨다.
"남이 자기를 알아주지 않는다고
걱정할 것이 아니라,
자기가 능력이 없음을 걱정해야 한다."

患: 근심 환, 걱정하다, 근심하다

能: 재능 능, 재능, 능력

▌제37장▐

子曰 자 왈	공자께서 말씀하셨다.
莫我知也夫인저 막 아 지 야 부	"나를 알아주지 않는구나."
子貢曰 자 공 왈	자공이 말했다.
何爲其莫知子也잇고 하 위 기 막 지 자 야	"어찌 선생님을 알아주지 않는다고 하십니까?"
子曰 자 왈	공자께서 말씀하셨다.
不怨天하며 불 원 천	"하늘을 원망하지 않으며
不尤人이요 불 우 인	남을 탓하지도 않으리라.
下學 하 학	아래로부터 인간사(人間事)를 배워
而上達하노니 이 상 달	위로 천리(天理)에 통달하게 되었으니,
知我者는 지 아 자	나를 아는 자는
其天乎인저 기 천 호	저 하늘이실 것이다."

莫: 없을 막, 아무도 …하지 않다, …못하다

怨: 원망할 원, 원한, 원망하다, 탓하다

尤: 더욱 우, 과실, 허물, 탓하다, 원망하다

제45장

子路問君子한대
자 로 문 군 자
子曰
자 왈
修己以敬이니라
수 기 이 경
曰 如斯而已乎잇가
왈 여 사 이 이 호
曰 修己以安人이니라
왈 수 기 이 안 인
曰 如斯而已乎잇가
왈 여 사 이 이 호
曰 修己以安百姓이니
왈 수 기 이 안 백 성
修己以安百姓은
수 기 이 안 백 성
堯舜도
요 순
其猶病諸시니라
기 유 병 저

자로가 군자에 대하여 물으니

공자께서 말씀하셨다.

"공경으로써 자기 몸을 수양하는 것이다."

"이와 같이만 하면 됩니까?"하고 물으니

공자께서 말씀하셨다. "자기 몸을
수양해서 사람을 편안하게 하는 것이다."

"이와 같이만 하면 됩니까?"하고 물으니

공자께서 말씀하셨다. "자기 몸을
수양해서 백성을 편안하게 하는 것이니,
자기 몸을 수양해서 백성을 편안하게 하는 것은
요(堯)임금· 순(舜)임금도
오히려 어렵게 여겼던 것이다."

修: 닦을 수, 배워서 닦다, 덕을 쌓다, 수양하다

敬: 공경할 경, 존경(하다), 공경(하다)

如: 같을 여, …와 같다

斯: 이 사, 이(것), 여기

安: 편안할 안, 편안하다

堯舜: 요(堯)임금과 순(舜)임금　猶: 오히려 유, …조차도, …까지도

病: 병 병, 근심하다, 고생하다, 고심하다

修己以敬: 공경으로써 몸을 수양하다.

如斯而已乎: 이와 같이만 하면 됩니까?

第15篇 衛靈公(위령공)

▌제1장 ▌

衛靈公이 위 령 공	위(衛)나라 영공(靈公)이
問陣於孔子한대 문 진 어 공 자	공자에게 진(陣) 치는 법을 묻자,
孔子對曰 공 자 대 왈	공자께서 대답하시기를,
俎豆之事는 조 두 지 사	"제사(祭祀)에 관한 일은
則嘗聞之矣어니와 즉 상 문 지 의	일찍이 들었습니다만,
軍旅之事는 군 려 지 사	군대(軍隊)에 대한 일은
未之學也라하시고 미 지 학 야	아직 배우지 못하였습니다." 하시고
明日에 遂行하시다 명 일 수 행	다음날 마침내 떠나셨다.
在陳絶糧하니 재 진 절 량	진(陳)나라에서 양식이 떨어지고,
從者病하여 종 자 병	따르던 사람들이 병이 들어
莫能興이러니 막 능 흥	일어나지 못하게 되자,
子路慍見曰 자 로 온 현 왈	자로가 성이 나서 공자를 뵙고 말하기를
君子亦有窮乎잇가 군 자 역 유 궁 호	"군자도 궁할 때가 있습니까?" 하니,
子曰 자 왈	공자께서 말씀하셨다.
君子는 固窮이니 군 자 고 궁	"군자는 본래 궁한 것이니,
小人은 窮斯濫矣니라 소 인 궁 사 람 의	소인은 궁하면 아무 짓이나 함부로 한다.

陣: 진 진, (군대의)진, 진영, 전쟁, 전장

俎豆: 제사 때 쓰는 제기의 일종

俎豆之事: 제사에 관한 일

嘗: 맛볼 상, 일찍이, 과거에

軍旅之事: 군사에 관한 일

遂: 이를 수, 마침내, 결국, 곧

陳: 진나라

絶糧: 식량이 떨어짐

莫: 없을 막, …않다, …못하다

興: 일 흥, 일어나다, 흥성하다

慍: 성낼 온

見: 볼 현, 찾아뵙다

窮: 다할 궁, 가난하다, 궁하다

固: 굳을 고, 견고하다, 굳다, 원래, 전부터

濫: 넘칠 람, 넘쳐 흐르다, 범람하다, 지나치다

子曰 _{자 왈}	공자께서 말씀하셨다.
賜也아 _{사 야}	"사(賜)야,
女以予爲多學而識之者與아 _{여 이 여 위 다 학 이 지 지 자 여}	너는 내가 많이 배워서 그것을 기억하는 사람이라고 여기느냐?"
對曰 然하이다 _{대 왈 연}	자공이 대답하였다. "그렇습니다,
非與잇가 _{비 여}	그렇지 않습니까?"
曰 非也라 _{왈 비 야}	공자께서 말씀하셨다. "그렇지 않다.
予는 _여	나는
一以貫之니라 _{일 이 관 지}	하나로써 모든 사물을 꿰뚫는 것이다."

賜: 자공(子貢)의 이름

女: 너 여, 너, 그대

予: 나 여

識: 적을 지, 기억하다然: 그러할 연, 맞다, 그렇다

非: 아닐 비, …아니다

貫: 꿸 관, 꿰뚫다, 관통하다

❚ 제5장 ❚

子張이 問行한 대 <small>자 장　문 행</small>	자장이 행(行)하는 것에 대하여 묻자,
子曰 <small>자 왈</small>	공자께서 말씀하셨다.
言忠信하며 <small>언 충 신</small>	"말이 정성스럽고 신의가 있으며
行篤敬이면 <small>행 독 경</small>	행동이 독실하고 경건하면,
雖蠻貊之邦이라도 <small>수 만 맥 지 방</small>	비록 오랑캐의 나라에서도
行矣어니와 <small>행 의</small>	행해질 수 있거니와,
言不忠信하며 <small>언 불 충 신</small>	말에 정성과 신의가 없으며
行不篤敬이면 <small>행 부 독 경</small>	행동이 독실하고 경건하지 못하면,
雖州里나 <small>수 주 리</small>	비록 자기가 살고 있는 고향땅이라 한들
行乎哉아 <small>행 호 재</small>	행해질 수 있겠는가?
立則見其參於前也요 <small>입 즉 견 기 참 어 전 야</small>	서 있을 때는 충신·독경한 덕목이 눈앞에 어른거리듯 하고,
在輿則見其倚於衡也니 <small>재 여 즉 견 기 의 어 형 야</small>	수레를 타고 있을때는 충신·독경한 덕목이 횡목에 걸쳐져 있는 것처럼 보여야 하니,
夫然後에 行이니라 <small>부 연 후　행</small>	대저 이런 연후에 행해질 수 있다."
子張이 <small>자 장</small>	자장이
書諸紳하니라 <small>서 저 신</small>	이 말씀을 자기의 허리띠에 적었다.

忠: 충성할 충, 충성, 정성

信: 믿을 신, 신의, 신뢰

篤: 도타울 독, 돈독하다

敬: 공경할 경, 공경하다

蠻貊: 오랑캐나라

州里: 고향땅

參: 섞일 참, 참여하다

輿: 수레 여, 수레

倚: 기댈 의, 기대다

衡: 저울대 형, 멍에(수레채 끝에 댄 횡목)

紳: 큰띠 신, 허리띠

┃ 제7장 ┃

子曰 _{자 왈}	공자께서 말씀하셨다.
可與言而不與之言이면 _{가 여 언 이 불 여 지 언}	"더불어 말을 할 수 있는 사람인데도 더불어 말을 하지 않으면
失人이요 _{실 인}	그 사람을 잃게 되고,
不可與言而與之言이면 _{불 가 여 언 이 여 지 언}	더불어 말할 상대가 아닌데도 더불어 말을 하면
失言이니 _{실 언}	그 말을 잃게 되니,
知者는 _{지 자}	지혜로운 자는
不失人하며 _{불 실 인}	사람을 잃지 않으며
亦不失言이니라 _{역 불 실 언}	또한 말도 잃지 않는다."

與: 더불 여, 상대하다, …과, …함께   失: 잃을 실, 잃다, 놓치다

제8장

子曰
자 왈
志士仁人은
지 사 인 인
無求生以害仁이요
무 구 생 이 해 인
有殺身以成仁이니라
유 살 신 이 성 인

공자께서 말씀하셨다.
"뜻있는 선비와 어진 사람은
자신의 삶을 구하려 인을 해침이 없고
자신의 목숨을 바쳐 인을 이룸은 있다."

志: 뜻 지, 뜻, 의지

士: 선비 사, 선비, 지식인, 무사

仁: 어질 인, 어진(착한)마음, 인자하다, 어질다

求: 구할 구, 구하다, 찾다, 바라다

害: 해칠 해, 해를 끼치다, 해치다, 해, 손해

殺: 죽일 살, 죽이다, 살해하다, 죽다

身: 몸 신, 몸, 신체, 자기, 자신, 생명

以: 써 이, …으로써, …을 가지고, …때문에

成: 이룰 성, 이루다, 완성하다, 성공하다

殺身成仁: 자신의 몸을 죽여 인을 이룬다는 뜻으로 '정의를 위해 목
숨을 바치다.'

▌제30장 ▌

子曰
_{자 왈}
吾嘗終日不食하며
_{오 상 종 일 불 식}
終夜不寢하여
_{종 야 불 침}
以思하니
_{이 사}
無益이라
_{무 익}
不如學也로라
_{불 여 학 야}

공자께서 말씀하셨다.

"내 일찍이 하루종일 먹지도 않고

밤새도록 자지도 않고

생각해 보았지만

유익함이 없었고,

배우는 것만 같지 못하였다."

嘗: 맛볼 상, 일찍이, 과거에, 맛보다, 체험하다

終日: 하루종일

不食: 먹지 않다

終夜: 밤새도록

不寢: 잠을 자지 않다

無益: 유익함이 없다

不如: …함만 못하다

子曰 _{자 왈}	공자께서 말씀하셨다.
君子는 _{군 자}	"군자는
謀道요 _{모 도}	도를 도모해야지
不謀食하나니 _{불 모 식}	먹을 것을 도모하지 않는다.
耕也에 _{경 야}	농사를 지어도
餒在其中矣요 _{뇌 재 기 중 의}	굶주릴 수 있지만
學也에 _{학 야}	공부를 하면
祿在其中矣니 _{녹 재 기 중 의}	녹이 그 가운데 있는 것이니,
君子는 _{군 자}	군자는
憂道요 _{우 도}	도를 걱정할 일이지
不憂貧이니라 _{불 우 빈}	가난을 걱정할 일이 아니다."

謀: 꾀할 모, 지략, 계략, 도모하다, 모색하다

耕: 갈 경, 밭을 갈다, 생계를 도모하다

餒: 주릴 뇌, 굶주리다, 부패하다, 상하다

祿: 녹 록, 녹, 급료, 녹봉, 행복

憂: 근심할 우, 근심하다. 걱정, 우환

貧: 가난할 빈, 가난하다, 빈궁하다, 인색하다

▌제4장 ▌

孔子曰 공 자 왈	공자께서 말씀하셨다.
益者三友요 익 자 삼 우	"유익한 벗이 세 가지 이고,
損者三友니 손 자 삼 우	해로운 벗이 세 가지 이니,
友直하며 우 직	정직한 이와 벗하고
友諒하며 우 량	성실한 이와 벗하며
友多聞이면 우 다 문	견문이 많은 이와 벗하면
益矣요 익 의	유익하고,
友便辟하며 우 편 벽	남의 비위를 잘 맞추는 사람과 사귀고
友善柔하며 우 선 유	줏대 없는 사람과 사귀며
友便佞이면 우 편 녕	말재주 부리는 사람과 사귀면
損矣니라 손 의	손해가 된다."

益: 더할 익, 이익, 이득, 이롭다, 유익하다

友: 벗 우, 친구, 벗, 친하다, 우호적이다

損: 덜 손, 손해, 손실

直: 곧을 직, 곧다, 바르다, 솔직하다

諒: 성실할 량, 성실, 믿음, 진실

聞: 들을 문, 듣다, 소문, 견문, 지식

便: 말잘할 편

辟: 열 벽, 법, 반박하다

善: 착할 선, 착하다, 어질다, 좋다

柔: 부드러울 유, 부드럽다, 연약하다

佞: 아첨할 녕, 아첨하다, 알랑거리다, 말재주가 있다

便辟: 남에게 알랑거려 비위를 잘 맞춤

善柔: 겉으로는 부드러우나 진실하지 못함

便佞: 말주변은 좋으나 마음이 사악함

▌제5장▐

孔子曰 공 자 왈	공자께서 말씀하셨다.
益者三樂요 익 자 삼 요	"좋아하는 것 중 유익한 것이 세 가지요.
損者三樂니 손 자 삼 요	손해가 되는 것이 세 가지이니,
樂節禮樂하며 요 절 예 악	예악을 절도있게 함을 좋아하고
樂道人之善하며 요 도 인 지 선	남의 착한 점을 말하기를 좋아하며
樂多賢友면 요 다 현 우	어진 벗이 많은 것을 좋아하면
益矣요 익 의	유익하고,
樂驕樂하며 요 교 락	교만하고 방탕한 것을 좋아하고
樂佚遊하며 요 일 유	안일하게 노는 것을 좋아하며
樂宴樂이면 요 연 락	향락에 빠지는 것을 좋아하면
損矣니라 손 의	손해가 된다."

樂: 좋아할 요, 좋아하다, 즐기다

節: 마디 절

樂: 풍류 악, 음악

道: 길 도, 길, 도로, 도덕, 말하다

賢: 어질 현, 현명하다, 어질고 덕망이 높다

驕: 교만할 교, 거만하다, 교만하다

樂: 즐거울 락, 즐겁다, 기쁘다, 즐거움, 쾌락

佚: 편할 일

游: 놀 유

宴: 잔치 연, 잔치, 주연, 연회

樂節禮樂: 예악을 절도있게 하는 것을 좋아함

驕樂: 교만하고 방탕함

佚遊: 안일하게 노는 것

宴樂: 향락에 빠짐

孔子曰 _{공 자 왈} 侍於君子에 _{시 어 군 자} 有三愆하니 _{유 삼 건} 言未及之而言을 _{언 미 급 지 이 언} 謂之躁요 _{위 지 조} 言及之而不言을 _{언 급 지 이 불 언} 謂之隱이요 _{위 지 은} 未見顔色而言을 _{미 견 안 색 이 언} 謂之瞽니라 _{위 지 고}	공자께서 말씀하셨다. "군자를 모시고 있을 때 저지르기 쉬운 세 가지 허물이 있으니, 아직 말을 하지 않았는데 말하는 것을 '조급하다' 하고, 말할 차례가 되었는데 말 하지 않는 것을 '숨는다' 하고, 표정을 살피지도 않고 말하는 것을 '눈뜬 봉사'라고 한다.

侍: 모실 시, 모시다, 섬기다

愆: 허물 건, 과실, 잘못

躁: 조급할 조, 성급하다, 조급하다

隱: 숨을 은, 숨다, 감추다

顔: 얼굴 안, 얼굴, 얼굴 표정

瞽: 소경 고, 눈이 멀다, 맹인, 소경, 장님

顔色: 얼굴 표정, 용모

孔子曰 _{공 자 왈}	공자께서 말씀하셨다.
君子有三戒하니 _{군 자 유 삼 계}	"군자에게는 세 가지 경계할 일이 있으니
少之時에는 _{소 지 시}	젊을 때에는
血氣未定이라 _{혈 기 미 정}	혈기가 안정되어 있지 않으므로
戒之在色이요 _{계 지 재 색}	여색을 경계해야 하고,
及其壯也하여는 _{급 기 장 야}	장년이 되어서는
血氣方剛이라 _{혈 기 방 강}	혈기가 한창 왕성하므로
戒之在鬪요 _{계 지 재 투}	싸움을 경계해야 하고,
及其老也하여는 _{급 기 로 야}	늙어서는
血氣旣衰라 _{혈 기 기 쇠}	혈기가 이미 쇠하였으므로
戒之在得이니라 _{계 지 재 득}	소득(所得)을 경계해야 한다."

戒: 경계할 계, 경계하다, 조심하다

少: 젊을 소, 젊다, 어리다, 젊은이

血: 피 혈, 피, 혈액

定: 정할 정, 안정되다, 고정하다, 결정하다

色: 빛 색, 색, 여색, 성욕, 여자의 미모

及: 미칠 급, 도달하다, 이르다

壯: 씩씩할 장, 혈기가 왕성하다, 건장하다, 장년

鬪: 싸울 투, 싸움, 싸우다, 투쟁하다

衰: 쇠할 쇠, (쇠)약해지다

得: 얻을 득, 얻다, 획득하다, 소득, 이득

血氣: 혈기, 정력

未定: 안정되지 않음

方剛: 한창 왕성함

▌ 제8장 ▌

孔子曰
공 자 왈

君子有三畏하되
군 자 유 삼 외

畏天命하며
외 천 명

畏大人하며
외 대 인

畏聖人之言이니라
외 성 인 지 언

小人은
소 인

不知天命而不畏也라
부 지 천 명 이 불 외 야

狎大人하며
압 대 인

侮聖人之言이니라
모 성 인 지 언

공자께서 말씀하셨다.

"군자는 세 가지 두려워할 것이 있다.

천명을 두려워 해야 하며,

대인을 두려워 해야 하며,

성인의 말씀을 두려워 해야 한다.

소인은

천명을 알지 못하므로 두려워하지 않고,

대인을 함부로 대하며,

성인의 말씀을 업신여긴다."

畏: 두려워 할 외, 두려워하다

狎: 낯익을 압, 가볍게 여겨 모욕하다, 친근하여 버릇없이 굴다

侮: 업신여길 모, 모욕하다, 업신여기다, 무시하다

天命: 하늘의 뜻

大人: 학덕이 높은 인물

제9장

孔子曰
공 자 왈

生而知之者는
생 이 지 지 자

上也요
상 야

學而知之者는
학 이 지 지 자

次也요
차 야

困而學之는
곤 이 학 지

又其次也니
우 기 차 야

困而不學이면
곤 이 불 학

民斯爲下矣니라
민 사 위 하 의

공자께서 말씀하셨다.

"태어나면서부터 아는 자는

최상등이고,

배워서 아는 자는

그 다음이고,

막히고 통하지 않아 배워나가는 것은

또 그 다음이니,

막히고 통하지 않는데도 배우지 않으면

이는 백성으로서 최하등이 된다."

次: 버금 차, 순서, 차례, 다음의

困: 궁할 곤, 곤경에 빠지다, 궁지에 빠지다

孔子曰 _{공 자 왈}	공자께서 말씀하셨다.
君子有九思_{하니} _{군 자 유 구 사}	"군자는 아홉 가지 생각하는 바가 있다.
視思明_{하며} _{시 사 명}	볼 때는 분명하게 볼 것을 생각하며
聽思聰_{하며} _{청 사 총}	들을 때는 똑똑하게 들을 것을 생각하며
色思溫_{하며} _{색 사 온}	얼굴 표정은 온화하게 할 것을 생각하며
貌思恭_{하며} _{모 사 공}	용모는 공손하게 할 것을 생각하며
言思忠_{하며} _{언 사 충}	말을 할 때는 성실하게 할 것을 생각하며
事思敬_{하며} _{사 사 경}	일을 할 때는 경건하게 할 것을 생각하며
疑思問_{하며} _{의 사 문}	의심스러우면 물어볼 것을 생각하며
忿思難_{하며} _{분 사 난}	화가 날 때는 후환을 겪을 것을 생각하며
見得思義_{니라} _{견 득 사 의}	소득[得]을 보면 마땅한 가를 생각한다."

聰: 밝을 총, 귀가 밝다, 청력, 총명하다

溫: 따뜻할 온, 따뜻하다, 온화하다, 부드럽다

貌: 모양 모, 용모, 생김새, 얼굴 모습

疑: 의심할 의, 의심하다, 의심스러운

忿: 성낼 분, 화를 내다, 분개하다

難: 어려울 난, 어렵다, 곤란하다

義: 옳을 의, 정의, 올바른 도리, 의로운 일

▌제11장 ▌

孔子曰
공자왈

見善如不及하며
견선여불급

見不善如探湯을
견불선여탐탕

吾見其人矣요
오견기인의

吾聞其語矣로라
오문기어의

隱居以求其志하며
은거이구기지

行義以達其道를
행의이달기도

吾聞其語矣요
오문기어의

未見其人也로라
미견기인야

공자께서 말씀하셨다.

"착한 일을 보면 따르지 못할 듯이 하며,

불선을 보면 끓는 물을 더듬듯 한다는데,

나는 그런 사람을 보았고,

나는 그런 말을 들었다.

숨어 살면서도 그 뜻한 바를 추구하며,

의(義)을 행하여 그 도(道)에 이른다는데,

나는 그런 말은 들었지만,

아직 그런 사람은 보지 못하였다."

探: 찾을 탐, 정탐하다, 떠보다, 더듬다

湯: 끓인물 탕, 뜨거운 물, 끓은 물, 탕, 국

齊景公은 _{제 경 공}	"제나라 경공은
有馬千駟하되 _{유 마 천 사}	말 사천필을 소유하였으나,
死之日에 _{사 지 일}	그가 죽는 날에
民無德而稱焉이요 _{민 무 덕 이 칭 언}	백성들이 칭송할 만한 덕이 없었다.
伯夷叔齊는 _{백 이 숙 제}	백이와 숙제는
餓于首陽之下하되 _{아 우 수 양 지 하}	수양산 아래에서 굶주렸으나,
民到于今稱之하나니라 _{민 도 우 금 칭 지}	백성들이 지금까지도 칭송하고 있디.
其斯之謂與인저 _{기 사 지 위 여}	이를 두고 한 말일 것이다."

駟: 사마 사, 사두마차, 수레 한 대를 끄는 네(4)필의 말

千駟: 말 4천필

稱: 일컬을 칭, 부르다, 일컫다, 칭하다

餓: 주릴 아, 배고프다, 굶다, 굶주리다

首陽: 수양산

到: 이를 도, 도착하다, 도달하다, …까지, …도

제13장

陳亢이 問於伯魚曰
진강 문어백어왈

진강이 백어에게 물었다.

子亦有異聞乎아
자 역유이문호

"그대는 특이한 것을 들은 것이 있는가?"

對曰 未也로라
대 왈 미야

백어가 대답하였다. "아직 없습니다."

嘗獨立이어시늘
상독립

전에 한번 혼자 서 계실 적에

鯉趨而過庭이러니
리 추이 과정

제(鯉)가 종종걸음으로 뜰을 지나는데,

曰 學詩乎아
왈 학시호

'시(詩)를 배웠느냐?'고 물으시기에,

對曰 未也로이다
대왈 미야

'아직 배우지 못했습니다.'라고 하였더니,

不學詩면
불학시

'시를 배우지 않으면

無以言이라하여시늘
무 이언

남들과 말을 할 수가 없다.'라고 하셔서

鯉退而學詩호라
리 퇴이학시

저(鯉)는 물러나 시를 배웠습니다.

他日에
타 일

다른 날에

又獨立이어시늘
우 독립

또 혼자 서 계실적에

鯉趨而過庭이러니
리 추이과정

제(鯉)가 종종 걸음으로 뜰을 지나는데,

曰 學禮乎아
왈 학례호

'예(禮)를 배웠느냐?'라고 물으시기에

對曰 未也로이다
대왈 미야

'아직 배우지 못했습니다.'라고 하였더니,

不學禮면
불학례

'예를 배우지 않으면

無以立이라하여시늘
무 이립

남 앞에 설 수가 없다.'고 하셔서

鯉退而學禮호라
리 퇴이학례

저(鯉)는 물러나 예를 배웠습니다.

聞斯二者로라
문 사 이자

제가 들은 것은 이 두 가지입니다."

陳亢이
진 강

진강이

退而喜曰
퇴 이 희

물러 나와 기뻐하며 말하였다.

問一得三하니
문 일 득 삼

"하나를 물어서 세 가지를 들었다.

聞詩聞禮하고	시에 관한 것과 예에 관한 것을 듣고
문 시 문 례	
又聞君子之遠其子也로라	또 군자가 그의 아들을 멀리함을
우 문 군 자 지 원 기 자 야	들었다"

陳亢: 공자의 제자, 자는 자금(子禽)임

伯魚: 공자의 아들, 이름은 리(鯉), 백어는 그의 자임

趨: 추창할 추, 빨리가다, 향하다

過: 지날 과, 지나다, 건너다, 건너다, 지나치다

庭: 뜰 정, 뜰, 마당, 정원

退: 물러난 퇴, 물어나다, 물리치다

喜: 기쁠 희, 기쁘다, 기뻐하다

제14장

邦君之妻를
방 군 지 처

君이 稱之曰夫人이요
군   칭지왈부인

夫人이 自稱曰小童이요
부 인   자칭왈소동

邦人이 稱之曰君夫人이요
방 인   칭지왈군부인

稱諸異邦曰寡小君이요
칭저이방왈과소군

異邦人이 稱之에
이 방 인   칭지

亦曰君夫人이니라
역 왈 군 부 인

"나라 임금의 처를

임금이 부를 적에는 '부인'이라 하고,

부인이 스스로 일컫기를 '소동'이라 하며,

백성들이 그를 일컬어 '군부인'이라 하고,

다른 나라에 일컬어 '과소군'이라 하고,

다른 나라 사람들이 그를 일컬을 때에도

역시 '군부인'이라 한다."

邦君: 나라 임금

小童: 작은아이, 어린아이

君夫人: 임금의 부인

寡小君: 덕(德)이 부족한 작은 임금이란 뜻   ※ 寡人: 寡德之人

第 17篇 陽貨(양화)

▮ 제1장 ▮

陽貨欲見孔子어늘
양 화 욕 현 공 자

양화(陽貨)가 공자를 만나고자 하였으나,

孔子不見하신대
공 자 불 견

공자께서 만나 주지 않으시자

歸孔子豚이어늘
귀 공 자 돈

공자께 삶은 돼지를 선물로 보내왔다.

孔子時其亡也
공 자 시 기 무 야

공자께서 양화가 집에 없는 틈을 타서

而往拜之러시니
이 왕 배 지

인사하러 가시다가,

遇諸塗하시다
우 저 도

길에서 마주쳤다.

謂孔子曰 來하라
위 공 자 왈 래

양화가 공자에게 말했다. "이리 오시오.

予與爾言하리라
여 여 이 언

내 그대에게 할 말이 있소."

曰 懷其寶而迷其邦이
왈 회 기 보 이 미 기 방

말하기를 "훌륭한 재능을 지니고서,
그 나라가 혼미한데도 내버려 둔다면

可謂仁乎아
가 위 인 호

인(仁)하다고 수 있겠소?" 하니,

曰 不可하다
왈 불 가

공자께서 말씀하시기를 "불가합니다."

好從事而亟失時가
호 종 사 이 기 실 시

(양화가) "정사(政事)에 종사하기를
좋아하면서 자주 때를 놓친다면

可謂知乎아
가 위 지 호

지혜롭다 할 수 있겠소?" 하니,

曰 不可하다
왈 불 가

공자께서 말씀하셨다. "불가합니다."

日月이 逝矣라
일 월 서 의

(양화가) "해(日)와 달(月)이 흘러가고,

歲不我與니라
세 불 아 여

세월은 나를 기다려 주지 않소." 하니

孔子曰 諾다
공자왈 낙
吾將仕矣로리라
오 장 사 의

공자께서 말씀하셨다. "좋습니다.
내 장차 벼슬을 할 것입니다."

陽貨: 계씨의 가신으로 노나라의 국정을 장악한 자임.

見: 볼 현, 나타나다

歸: 돌아갈 귀, 드리다, 선사하다

豚: 돼지 돈, 새끼 돼지, 돼지

亡: 잃을 망(무), 도망하다, 잃다, 없어지다, 죽다

往: 갈 왕, 가다, 향하다

拜: 절 배, 절하다

遇: 만날 우, 조우하다, 상봉하다, 만나다

塗: 진흙 도, 진흙, 진창, 길

予: 나 여, 나

爾: 너 이, 너, 그대

懷: 품을 회, 품다, 지니다

寶: 보배 보, 보물, 보배

迷: 헤멜 미, 헷갈리다, 갈피를 잡지 못하다

亟: 자주 기, 누차, 여러번, 잦다

逝: 갈 서, 지나가다, 흐르다

歲: 해 세, 해, 세월

諾: 대답할 낙, 승낙하다, 대답하다, 예, 좋아

將: 장차 장, 장차, 곧, 나아가다

仕: 벼슬 사, 벼슬하다, 일하다, 섬기다

제4장

子之武城하사
자 지 무 성

공자께서 무성(武城)에 갔을 때,

聞弦歌之聲하시다
문 현 가 지 성

현악에 따라 부르는 노랫소리를 들었다.

夫子莞爾而笑曰
부 자 완 이 이 소 왈

공자께서 빙그레 웃으시며 말씀하셨다.

割雞에
할 계

"닭을 잡는데

焉用牛刀리오
언 용 우 도

어찌 소 잡는 칼을 쓰느냐?"

子游對曰 昔者에
자 유 대 왈 석 자

자유가 대답하였다. "예전에

偃也聞諸夫子하니
언 야 문 저 부 자

제(偃)가 선생님께 듣기로는

曰 君子
왈 군 자

'군자가

學道則愛人이요
학 도 즉 애 인

도를 배우면 사람을 사랑하게 되고

小人이
소 인

소인이

學道則易使也라호이다
학 도 즉 이 사 야

도를 배우면 부리기 쉽다.' 하셨습니다."

子曰 二三者아
자 왈 이 삼 자

공자께서 말씀하셨다. "얘들아,

偃之言이 是也니
언 지 언 시 야

자유(偃)의 말이 옳다.

前言은 戲之耳니라
전 언 희 지 이

좀 전에 내가 한 말은 농담이었다."

武城: 노나라 변방의 읍 이름

弦: 시위 현, 악기의 줄, 현, 현악기

弦歌之聲: 현악에 맞추어 부르는 노랫소리

莞爾而笑: 빙그레 웃다

割: 가를 할, 베다, 절개하다

雞: 닭 계, 닭

割雞: 닭을 잡다

焉用牛刀: 어찌 소 잡는데 쓰는 칼을 쓰느냐

昔: 옛 석, 옛날, 과거, 이전

昔者: 옛날

易: 쉬울 이, 쉽다, 용이하다

是: 옳을 시, 맞다, 옳다

戱: 놀 희, 놀이, 장난, 조롱하다, 농담

二三者: 얘들아, 제자들아

▌제6장▐

子張이 _{자 장}	자장이
問仁於孔子한대 _{문 인 어 공 자}	공자께 인(仁)에 대하여 묻자
孔子曰 _{공 자 왈}	공자께서 말씀하셨다.
能行五者於天下면 _{능 행 오 자 어 천 하}	"다섯가지를 천하에 행할 수 있으면
爲仁矣니라 _{위 인 의}	인하게 될 수 있다."
請問之한대 _{청 문 지}	자장이 "그것을 여쭙고 싶습니다." 하니,
曰 恭寬信敏惠니 _{왈 공 관 신 민 혜}	말씀하셨다. "공손함, 관대함, 믿음, 민첩함, 은혜로움이니,
恭則不侮하고 _{공 즉 불 모}	공손하면 업신여김을 당하지 않고,
寬則得衆하고 _{관 즉 득 중}	관대하면 많은 사람의 마음을 얻게 되고,
信則人任焉하고 _{신 즉 인 임 언}	믿음이 있으면 사람들이 의지하게 되고,
敏則有功하고 _{민 즉 유 공}	민첩하면 공(功)이 있게 되고,
惠則足以使人이니라 _{혜 즉 족 이 사 인}	은혜로우면 사람을 족히 부릴 수 있다."

子張: 공자의 제자로서 성은 전손(顓孫), 이름은 사(師), 자장(子張)
　　은 자임.

恭: 공손할 공, 공손하다

寬: 너그러울 관, 너그럽다, 관대하다

信: 믿을 신, 신용, 신의, 믿음

敏: 민첩할 민, 민첩하다, 신속하다

惠: 은혜 혜, 은혜, 은혜를 베풀다

侮: 업신여길 모, 모욕하다, 업신여기다, 무시하다

衆: 무리 중, 많다, 많은 사람

任: 맡길 임, 임명하다, 맡기다, 직무, 임무

功: 공 공, 공로, 공적, 성과, 업적

足: 발 족, 발, 충분하다, 넉넉하다, 충분히

使: 부릴 사, 쓰다, 사용하다, …사용하다, …시키다

▌제8장 ▌

子曰 由也아
<small>자 왈 유 야</small>

女聞六言六蔽矣乎아
<small>여 문 육 언 육 폐 의 호</small>

對曰 未也로이다
<small>대 왈 미 야</small>

居하라 語女하리라
<small>거　　어 녀</small>

好仁不好學이면
<small>호 인 불 호 학</small>

其蔽也愚하고
<small>기 폐 야 우</small>

好知不好學이면
<small>호 지 불 호 학</small>

其蔽也蕩하고
<small>기 폐 야 탕</small>

好信不好學이면
<small>호 신 불 호 학</small>

其蔽也賊하고
<small>기 폐 야 적</small>

好直不好學이면
<small>호 직 불 호 학</small>

其蔽也絞하고
<small>기 폐 야 교</small>

好勇不好學이면
<small>호 용 불 호 학</small>

其蔽也亂하고
<small>기 폐 야 란</small>

好剛不好學이면
<small>호 강 불 호 학</small>

其蔽也狂이니라
<small>기 폐 야 광</small>

공자께서 말씀하셨다. "유야,

너는 육언과 육폐에 대해 들어보았느냐?"

대답하였다. "아직 못 들었습니다."

"앉거라. 내 너에게 말해주마.

인(仁)을 좋아한다고 하면서

배움을 좋아하지 않으면

그 폐단은 어리석게 되고,

슬기로움을 좋아한다고 하면서

배움을 좋아하지 않으면

그 폐단은 방탕하게 되고,

믿음을 좋아한다고 하면서

배움을 좋아하지 않으면

그 폐단은 남을 해치게 되고,

정직함을 좋아한다고 하면서

배움을 좋아하지 않으면

그 폐단은 절박해지고,

용맹을 좋아한다고 하면서

배움을 좋아하지 않으면

그 폐단은 무질서해지고,

강(剛)함을 좋아한다고 하면서

배움을 좋아하지 않으면

그 폐단은 분별력이 없게 된다.

六言: 인(仁), 지(知), 신(信), 직(直), 용(勇), 강(剛)

六蔽: 우(愚), 탕(蕩), 적(賊), 교(絞), 란(亂), 광(狂)

女: 계집 녀, 여자, 딸, 너(=汝)

居: 살 거, 살다, 거주하다

蔽: 가릴 폐, 덮다, 가리다, 막다

愚: 어리석을 우, 어리석다, 아둔(우둔)하다, 바보같다

蕩: 움직일 탕, 움직이다, 방탕하다, 단정하지 못하다

賊: 도둑 적, 도둑, 도적, 나쁜, 교활하다

絞: 목맬 교, 비틀다, 죄어 짜다, 절박하다, 급하다

亂: 어지러울 란, 혼란하다, 어지럽다, 어지럽히다

剛: 굳셀 강, 단단하다, 강하다

狂: 미칠 광, 미치다, 분별이 없다, 정상이 아니다

▌제9장 ▌

子曰 자 왈	공자께서 말씀하셨다.
小子는 소 자	"너희들은
何莫學夫詩오 하 막 학 부 시	어찌하여 시(詩)를 배우지 않느냐?
詩는 시	시는
可以興이며 가 이 흥	사람의 감정을 흥기 시킬 수 있으며,
可以觀이며 가 이 관	사물을 살필 수 있게 하며,
可以羣이며 가 이 군	무리를 지을 수 있게 하며,
可以怨이며 가 이 원	잘못을 원망할 수 있게 하며,
邇之事父며 이 지 사 부	가까이는 어버이를 섬길 수 있게 하며,
遠之事君이요 원 지 사 군	멀리는 임금을 섬길 수 있게 하고,
多識於鳥獸草木之名이니라 다 식 어 조 수 초 목 지 명	새와 짐승, 풀과 나무의 이름을 많이 알게 한다."

莫: 없을 막, 아무도 …하지 않다, …않다, …하지마라

興: 기뻐할 흥, 흥(미), 취미, 재미, 시경육의(六義)중의 하나

觀: 볼 관, 보다, 구경하다, 살피다, 관찰하다

羣: 무리 군, 무리, 떼, 군중, 대중

怨: 원망할 원, 원한, 원수, 원망하다

邇: 가까울 이, 가깝다, 가까이 하다

識: 알 식, 알다, 식별하다, 기억하다   鳥: 새 조, 새

獸: 짐승 수, 짐승, 포유동물

草: 풀 초, 풀

木: 나무 목, 나무, 수목

제10장

子謂伯魚曰
자 위 백 어 왈
女爲周南召南矣乎아
여 위 주 남 소 남 의 호
人而不爲周南召南이면
인 이 불 위 주 남 소 남
其猶正牆面而立也與인저
기 유 정 장 면 이 립 야 여

공자께서 백어에게 말씀하셨다.

"너는 주남과 소남을 배웠느냐?

사람으로서 주남과 소남을 배우지 않으면

그것은 마치 담벼락을 마주하고

서 있는 것과 같은 것이다."

周南召南: 시경의 첫머리 편명으로 수신제가와 군신 간의 도리를
　　　　　밝히고 있음.

猶: 오히려 유, 마치 …와 같다

牆面: 담장을 마주하다.

正牆面而立: 담장을 정면으로 마주하고 서 있음.

子曰 <small>자 왈</small>	공자께서 말씀하셨다.
予欲無言하노라 <small>여 욕 무 언</small>	"나는 말을 하지 않으려고 한다."
子貢曰 <small>자 공 왈</small>	자공이 말하였다.
子如不言이시면 <small>자 여 불 언</small>	"선생님께서 만약 말씀을 하지 않으시면
則小子何述焉이리잇고 <small>즉 소 자 하 술 언</small>	저희들이 어떻게 전술(傳述)하겠습니까?"
子曰 <small>자 왈</small>	공자께서 말씀하셨다.
天何言哉시리오 <small>천 하 언 재</small>	"하늘이 무슨 말씀을 하시더냐?
四時行焉하며 <small>사 시 행 언</small>	사계절이 운행하며
百物이 生焉하나니 <small>백 물 생 언</small>	온갖 사물이 나고 자라는데
天何言哉시리오 <small>천 하 언 재</small>	하늘이 무슨 말씀을 하시더냐?"

如: 같을 여, …와 같다, 예를 들면, 만약, 만일

小子: 저희, 저, 소인

述: 말할 술, 선인의 말씀을 기술하다

四時: 사계절

百物: 만물, 온갖 물건

제21장

宰我問三年之喪이
재 아 문 삼 년 지 상

재아가 물었다. "삼년의 상은

期已久矣로소이다
기 이 구 의

일 년만 하더라도 너무 깁니다.

君子三年을 不爲禮면
군 자 삼 년 불 위 례

군자가 삼 년동안 예를 행하지 않으면

禮必壞하고
예 필 괴

예가 반드시 무너지고,

三年을 不爲樂이면
삼 년 불 위 악

삼 년 동안 음악을 다루지 않으면,

樂必崩하리니
악 필 붕

음악이 반드시 무너질 것입니다.

舊穀이 旣沒하고
구 곡 기 몰

묵은 곡식이 이미 다 없어지고

新穀이 旣升하며
신 곡 기 승

새 곡식이 이미 올라오며,

鑽燧改火하나니
찬 수 개 화

불씨를 얻는 나무도 바꾸게 되니,

期可已矣로소이다
기 가 이 의

일 년으로 그칠 만합니다."

子曰
자 왈

공자께서 말씀하시기를

食夫稻하며
식 부 도

"일 년 만에 쌀밥을 먹고,

衣夫錦이
의 부 금

비단옷을 입어도

於女에 安乎아
어 여 안 호

네 마음이 편안하겠느냐?"라고 하니,

曰 安하니이다
왈 안

"편안할 겁니다." 하였다.

女安則爲之하라
여 안 즉 위 지

"네가 편안하겠거든 그렇게 하거라.

夫君子之居喪에
부 군 자 지 거 상

군자는 상중에는

食旨不甘하며
식 지 불 감

맛있는 것을 먹어도 달지 아니하며,

聞樂不樂하며
문 악 불 락

음악을 들어도 즐겁지 아니하며,

居處不安이라
거 처 불 안

거처함이 편안하지가 않다.

故로 不爲也하나니
고 불 위 야

그래서 그렇게 하지 않는 것이다.

今女安則爲之하라
금 여 안 즉 위 지

이제 네가 편안하겠다니, 그렇게 하거라."

> 宰我出이어늘
> 재 아 출
>
> 子曰
> 자 왈
>
> 予之不仁也여
> 여 지 불 인 야
>
> 子生三年然後에
> 자 생 삼 년 연 후
>
> 免於父母之懷하나니
> 면 어 부 모 지 회
>
> 夫三年之喪은
> 부 삼 년 지 상
>
> 天下之通喪也니
> 천 하 지 통 상 야
>
> 予也
> 여 야
>
> 有三年之愛於其父母乎아
> 유 삼 년 지 애 어 기 부 모 호

재아가 나가자,

공자께서 말씀하셨다.

"여(予)는 어질지 못하구나.

자식은 태어나서 삼 년이 지난 후에야

부모의 품에서 벗어날 수가 있다.

무릇 삼년의 상은

천하의 공통된 상이니,

여(予)는

자기 부모로부터 받은 삼 년의 사랑이 있었던가?

宰我: 공자의 제자, 성은 재(宰), 이름은 여(予), 자는 자아(子我)임.

期: 돌 기, 일 년 동안 상복을 입는 것, 일주(一周)

久: 오랠 구, 오래다, (시간이)길다, 오랫동안

壞: 무너질 괴, 나쁘다, 고장 나다, 망가지다, 탈 나다

崩: 무너질 붕, 무너지다, 틀어지다, 실패하다

舊: 옛날 구, 옛날의, 과거의, 지난, 이전의

穀: 곡식 곡, 곡식, 곡물

沒: 빠질 몰, 빠지다, 잠기다, 다하다, 죽다

升: 오를 승, 오르다, 올리다

鑽燧改火: 불씨를 얻는 나무도 불을 바꾸게 됨.

稻: 벼 도, 벼

錦: 비단 금, 비단, 화려하다, 눈부시다

旨: 맛 지, 맛있다, 맛이 좋다

甘: 달 감, 만족스럽다, (맛이)달다, 달콤하다

懷: 품을 회, 품, 가슴, 품다, 간직하다

▌제24장 ▌

子貢曰
자 공 왈

君子 亦有惡乎잇가
군 자 역 유 오 호

子曰
자 왈

有惡하니
유 오

惡稱人之惡者하며
오 칭 인 지 악 자

惡居下流而訕上者하며
오 거 하 류 이 산 상 자

惡勇而無禮者하며
오 용 이 무 례 자

惡果敢而窒者니라
오 과 감 이 질 자

曰 賜也 亦有惡乎아
왈 사 야 역 유 오 호

惡徼以爲知者하며
오 요 이 위 지 자

惡不孫以爲勇者하며
오 불 손 이 위 용 자

惡訐以爲直者하노이다
오 알 이 위 직 자

자공이 물었다.

"군자도 또한 미워하는 것이 있습니까?"

공자께서 말씀하셨다.

"미워하는 것이 있다.

남의 나쁜 점을 말하는 자를 미워하며,

낮은 지위에 있으면서
윗사람을 비방하는 자를 미워하며,

용맹만 있고 예의가 없는 자를 미워하며,

과감하면서 꽉 막힌 자를 미워한다."

공자께서 물었다. "사야, 너도
또한 미워하는 것이 있느냐?"

"남의 잘못을 엿보고 구(求)하여
아는 체하는 자를 미워하며,

불손을 용맹으로 여기는 자를 미워하며,

남의 약점 따위를 들추어내는 것을
정직함인 양 여기는 자를 미워합니다."

居: 살 거, 살다, …에 있다

訕: 헐뜯을 산, 비방하다, 헐뜯다

窒: 막을 질, 막혀 통하지 않다

賜: 자공의 이름

徼: 구할 요, 구하다

訐: 들추어낼 알, 남의 비밀, 약점 따위를 들추어내다

下流: 낮은 지위

▌제25장 ▌

子曰 _{자 왈}	공자께서 말씀하셨다.
唯女子與小人은 _{유 여 자 여 소 인}	"오직 여자와 소인은
爲難養也니 _{위 난 양 야}	양육하기가 어려우니,
近之則不孫하고 _{근 지 즉 불 손}	가까이하면 공손하지 않고
遠之則怨이니라 _{원 지 즉 원}	멀리하면 원망한다.

唯: 오직 유, 오직, 오로지

養: 기를 양, 양성하다, 기르다, 다루다, 거두다

孫: 손자 손, 손자, 공손하다, 겸허하다

第 18篇 微子(미자)

▌ 제1장 ▌

微子는 去之하고 미 자　거 지	미자는 떠나가고
箕子는 爲之奴하고 기 자　위 지 노	기자는 종이 되고
比干은 諫而死하니라 비 간　간 이 사	비간은 간하다가 죽었다.
孔子曰 공 자 왈	공자께서 말씀하셨다.
殷有三仁焉하니라 은 유 삼 인 언	"은나라에 세 분의 인자(仁者)가 있었다."

微子: 은나라의 폭군 주왕의 서형(庶兄)으로 이름은 계(啓)임. 주왕의
　　　폭정을 간(諫) 했으나, 듣지 않자, 미(微)나라로 도주함.

去: 갈 거, 떠나다, 제거하다, 보내다

箕子: 주왕의 백부(伯父)로 이름은 서여(胥餘), 주왕의 무도함을 자
　　　주 간 하였으나, 듣지 않자, 미친 척하고 노예 무리 속에 숨어
　　　들어감.

奴: 종 노, 노예, 남자 종

比干: 주왕의 숙부로 폭정을 간하다가 죽음을 당함.

諫: 간할 간, 간언하다

殷: 은나라 은, 중국 최초의 국가, 은(殷)나라

周公이 주 공	주공(周公)이
謂魯公曰 위 로 공 왈	노공(魯公)에게 말하였다.
君子不施其親하며 군 자 불 이 기 친	"군자는 자기 친척을 버리지 아니하며,
不使大臣으로 불 사 대 신	대신(大臣)들로 하여금
怨乎不以하며 원 호 불 이	자기를 써주지 않는다는
	원망을 품게 해서는 안 된다.
故舊無大故면 고 구 무 대 고	옛 친구는 큰 잘못이 없으면
則不棄也하며 즉 불 기 야	버리지 아니하며,
無求備於一人이니라 무 구 비 어 일 인	한사람에게 모든 것을 다 갖출 것을
	요구하지 말아야 한다."

周公: 성은 희(姬), 이름은 단(旦), 조카인 성왕(成王)을 보필한 성인

魯公: 주공의 아들 백금(伯禽), 노(魯)나라에 보하여짐.

施(弛): 베풀 시(이), 베풀다, 버리다, 유기하다

故舊: 오랫동안 일해 온 원로(元老)나 공신(功臣)

大故: 큰 잘못, 큰 사고

棄: 버릴 기, 버리다, 그만두다

求備: 온갖 재능을 다 갖추기를 바람

▌ 제1장 ▌

子張曰 자 장 왈	자장(子張)이 말하였다.
士見危致命하며 사 견 위 치 명	"선비는 위태로움을 보면 목숨을 바치며,
見得思義하며 견 득 사 의	소득(所得)을 보면 마땅한가를 생각하며,
祭思敬하며 제 사 경	제사에 임해서는 공경함을 생각하며,
喪思哀면 상 사 애	상(喪)을 당해서는 슬픔을 생각한다면
其可已矣니라 기 가 이 의	괜찮을 것이다."

士: 선비 사, 선비, 지식인, 무사, 병사

危: 위태할 위, 위험(하다), 위태(롭다), 위독하다

致命: 목숨을 걸다, 죽을 정도에 이르다

得: 얻다, 획득하다, 이득, 소득

義: 옳을 의, 정의, 올바른 도리, 의리

祭: 제사 지낼 제, 제사 지내다, 추도(추모)하다

敬: 공경할 경, 존경(하다), 공경(하다), 삼가

喪: 복 입을 상, 상, 장의, 죽은 사람에 관한 일

哀: 슬플 애, 슬프다, 애달프다, 슬픔, 비애

제6장

子夏曰
자 하
博學而篤志하며
박 학 이 독 지
切問而近思하면
절 문 이 근 사
仁在其中矣니라
인 재 기 중 의

자하가 말하였다.

"널리 배우고 뜻을 돈독히 하며,

간절히 묻고 가까이 생각하면,

인(仁)은 그 가운데 있다."

博: 넓을 박, 넓다, 광대하다, 아는 것이 많다

篤: 도타울 독, 성실하다, 충실하다, 돈독하다

志: 뜻 지, 뜻, 의지

切: 절박할 절, 절실하다, 간절하다

問: 물을 문, 묻다, 질문하다

近: 가까울 근, 가깝다, 가까이하다, 비슷하다

思: 생각 사, 생각하다, 고려하다

▌ 제9장 ▌

子夏曰 자 하 왈	자하가 말하였다.
君子有三變하니 군 자 유 삼 변	"군자는 세 가지 다른 모습이 있으니,
望之儼然하고 망 지 엄 연	멀리서 바라보면 의젓하고,
卽之也溫하고 즉 지 야 온	가까이 다가가면 온화하고,
聽其言也厲니라 청 기 언 야 려	그 말을 들어보면 엄정(嚴正)하다.

變: 변할 변, 달라지다, 변화하다, 달라진, 변화된

望: 바라볼 망, (멀리)바라보다, 조망하다

儼然: 엄숙하고 위엄이 있다, 의젓하고 점잖다

卽之: 가까이 다가감

厲: 엄할 려, 엄격하다, 엄숙하다, 엄정하다

▌ 제17장 ▌

曾子曰 증 자 왈	증자가 말하였다.
吾聞諸夫子하니 오 문 저 부 자	"내가 선생님께 들으니,
人未有自致者也나 인 미 유 자 치 자 야	'사람이 평소에는 스스로 다함이 없어도,
必也親喪乎인저 필 야 친 상 호	반드시라면 부모상에는 정성을 다해야 한다.'라고 하셨다."

親喪: 부모상

▌제21장 ▌

子貢曰 _{자 공 왈}	자공이 말하였다.
君子之過也는 _{군 자 지 과 야}	"군자의 허물은
如日月之食焉이라 _{여 일 월 지 식 언}	마치 일식· 월식과 같아서
過也에 _{과 야}	허물이 있으면
人皆見之하고 _{인 개 견 지}	사람들이 모두 그것을 보고
更也에 _{경 야}	허물을 고치면
人皆仰之니라 _{인 개 앙 지}	사람들이 모두 그를 우러러본다."

過: 지날 과, 지나다, 초과하다, 잘못, 과실, 허물

如: 같을 여, …와 같다, 예를 들면, 예컨대

日月之食: 일식과 월식

皆: 다 개, 모두, 전부, 다, 같이

更: 고칠 경, 바꾸다, 고치다

仰: 우러러볼 앙, 우러러보다, 경모하다

第20篇 堯曰(요왈)

▌제2장 ▌

子張이 問於孔子曰
자 장 문 어 공 자 왈

何如라야
하 여

斯可以從政矣니잇고
사 가 이 종 정 의

子曰
자 왈

尊五美하며
존 오 미

屛四惡이면
병 사 악

斯可以從政矣리라
사 가 이 종 정 의

子張曰
자 장 왈

何謂五美니잇고
하 위 오 미

子曰 君子
자 왈 군 자

惠而不費하며
혜 이 불 비

勞而不怨하며
노 이 불 원

欲而不貪하며
욕 이 불 탐

泰而不驕하며
태 이 불 교

威而不猛이니라
위 이 불 맹

子張曰
자 장 왈

何謂惠而不費니잇고
하 위 혜 이 불 비

자장이 공자께 물었다.

"어떻게 해야

정치에 잘 종사할 수 있습니까?"

공자께서 말씀하셨다.

"다섯 가지 미덕을 존중하며

네 가지 악덕을 물리치면

정치에 잘 종사할 수 있다."

자장이 다시 물었다.

"무엇을 다섯 가지 미덕이라 합니까?"

공자께서 말씀하셨다. "군자는

은혜를 베풀되 낭비하지 않으며,

수고롭게 하되 원망을 사지 않으며,

하고자 하면서도 탐하지 않으며,

태연하면서도 교만하지 않으며,

위엄이 있으면서도 사납지 않은 것이다."

자장이 다시 묻기를

"은혜를 베풀되 낭비하지 않는 것이란

무엇을 말하는 것입니까? 하니,

子曰
자 왈

공자께서 말씀하셨다.

因民之所利而利之니
인 민 지 소 리 이 리 지

"백성들에게 이익이 될 만한 것으로
이롭게 해주니,

斯不亦惠而不費乎아
사 불 역 혜 이 불 비 호

이 또한, 은혜를 베풀면서도 낭비하지
않는 것이 아니겠느냐?

擇可勞而勞之어니
택 가 로 이 로 지

수고롭게 해도 될 만한 일을 가려서
수고롭게 한다면,

又誰怨이리오
우 수 원

또 누가 원망을 하겠느냐?

欲仁而得仁이어니
욕 인 이 득 인

인(仁)을 하고자 하여 인(仁)을 얻었으니,

又焉貪이리오
우 언 탐

또 무엇을 탐하겠느냐?

君子는
군 자

군자(君子)는

無衆寡하며
무 중 과

많고 적음을 가리지 않고,

無小大히
무 소 대

작거나 크거나에 관계없이

無敢慢하나니
무 감 만

감히 오만함이 없으니

斯不亦泰而不驕乎아
사 불 역 태 이 불 교 호

이 또한, 태연하면서도 교만하지
않은 것이 아니겠느냐?

君子는
군 자

군자(君子)는

正其衣冠하며
정 기 의 관

의관을 바르게 하며,

尊其瞻視하여
존 기 첨 시

바라보는 눈매를 존엄하게 하여

儼然人望而畏之하나니
엄 연 인 망 이 외 지

그 의젓한 모습을 사람들이 바라보고
두려워하니,

斯不亦威而不猛乎아
사 불 역 위 이 불 맹 호

이 또한, 위엄이 있으면서도 사납지
않은 것이 아니겠느냐?"

子張曰 자 장 왈	자장(子張)이 또 물었다.
何謂四惡이닛고 하 위 사 악	"무엇을 네 가지 악덕이라 합니까?
子曰 자 왈	공자께서 말씀하셨다.
不敎而殺을 불 교 이 살	"가르치지 않고 죽음으로 내모는 것을
謂之虐이오 위 지 학	'잔인하다' 하고,
不戒視成을 불 계 시 성	미리 경계하지 않고 성공을 보고자 함을
謂之暴요 위 지 포	'난폭하다' 하고,
慢令致期를 만 령 치 기	명령을 태만히 하고서 기일을 재촉함을
謂之賊이요 위 지 적	'해(害)친다' 하고
猶之與人也로되 유 지 여 인 야	어차피 사람들에게 나누어 줄 것이면서
出納之吝을 출 납 지 린	출납을 인색하게 하는 것을
謂之有司니라 위 지 유 사	'창고지기' 같다고 한다."

從: 좇을 종, 좇다, …을 따르다, 종사하다.

政: 정사 정, 정치, 정사(政事)

尊: 높을 존, 존경하다, 존중하다, 높다

美: 아름다울 미, 아름답다, 곱다, 예쁘다

屛: 물리칠 병, 버리다, 물리치다, 제거하다

惠: 은혜 혜, 은혜를 베풀다

費: 쓸 비, 비용, 요금, 쓰다, 소비하다

勞: 수고할 로, 수고를 끼치다, 애쓰게 하다, 일, 노동

怨: 원망할 원, 원한, 원수, 탓하다, 원망하다

貪: 탐할 탐, 탐내다, 욕심을 부리다

泰: 클 태, 편안하다, 태평하다, 지극히, 몹시

驕: 교만할 교, 거만하다, 교만하다, 뽐내다

威: 위엄 위, 위엄, 힘, 세력

猛: 사나울 맹, 사납다, 용감하다, 용맹하다, 강하다

因: 인할 인, 연유, 까닭, 원인, …에 의하여, …한 까닭으로

擇: 가릴 택, 선택하다, 고르다, 가리다

焉: 어찌 언, 어떻게, 누가, 어찌, 어떤, 무엇

衆: 무리 중, 많은 사람, 많다

寡: 적을 과, 적다, 다만 …뿐

敢: 굳셀 감, 용감하다, 감히, 외람되게도

慢: 게으를 만, 느리다, 늦추다, 미루다, 예의가 없다

衣冠: 옷과 관, 복장, 옷차림

瞻視: 바라보는 눈매

儼然: 엄숙하고 위엄이 있다, 의젓하고 점잖다

虐: 몹시 굴 학, 잔인하다, 해치다, 학대하다

戒: 경계할 계, 방비하다, 경계하다, 훈계하다

暴: 사나울 포, 난폭하다, 흉포하다, 잔혹하다

令: 영내릴 령, 명령하다, 명령, …하게 하다

致: 이를 치, 실현하다. 달성하다

期: 때 기, 시기, 기일, 정해진 시일(時日)

賊: 도둑 적, 도둑, 도적, 국가와 인민에 해를 끼치는 사람

猶: 같을 유, 마치 …와 같다, 오히려, 같다

有司: 창고지기(출납관), 담당자, 실무자

제3장

子曰
자 왈

공자께서 말씀하셨다.

不知命이면
부 지 명

"천명(天命)을 알지 못하면

無以爲君子也요
무 이 위 군 자 야

군자(君子)가 될 수 없고

不知禮면
부 지 례

예(禮)를 알지 못하면

無以立也요
무 이 립 야

세상에서 사람 행세를 할 수 없고

不知言이면
부 지 언

말을 알지 못하면

無以知人也니라
무 이 지 인 야

사람을 알아볼 수 없다."

저자와의 협약에 따라 인지를 생략합니다.

孔子께 懇切히 묻다
공 자 간 절

2023년 6월 30일 1판

지은이	최규홍
펴낸이	이영순
편집인	박종도
펴낸곳	도서출판 행촌
제작	좋은기업위드
출판등록	2019년 3월 27일
주소	02633 서울특별시 동대문구 천호대로 393, 403호
	(장안동, 용헌빌딩)
전화	02) 2244-3376
팩스	02) 2242-0629
e-mail	cereals709@hanmail.net

값   20,000원

ISBN   979-11-966825-4-5